Ich liebe Wassermänner aus der Reihe

I

Titelbild: Brian Bagnall
Umschlag: Jutta Schneider
Satz: prograph gmbH, München
Printed in Italy
ISBN: 3-8231-0760-1

Ich liebe Wassermänner

von Günter Stein
Illustriert
von Brian Bagnall

TOMUS VERLAG MÜNCHEN

0
Viel Vergnügen!

Der Unterhaltungswert der Astrologie ist unbestritten. Selbst all diejenigen, die es für unmöglich erachten, daß bestimmte Konstellationen von Himmelskörpern ihr Schicksal zu beeinflussen vermögen, können sich in der Regel das Vergnügen nicht versagen, ihrem Horoskop gewisse Aufmerksamkeit zu schenken. Schließlich könnte ja doch etwas dran sein an all den Prognosen, die eine Deutung der Zukunft versuchen. Wie bei einer Wettervorhersage. Mit dem Unterschied, daß die Meteorologen es noch schwerer haben, weil ihre Aussage tagtäglich anhand untrüglicher Symptome wie Regen, Sonnenschein oder Schnee überprüft werden kann. Deshalb brauchen sie ein Hochschulstudium.

Astrologen haben keine Chance, mit Hilfe akademischer Weihen ihr Ansehen zu heben und auf diese Weise die Glaubwürdigkeit ihrer Berechnungen zu verbessern. Die Hilfskonstruktionen, mit denen sie ihrer Lehre bestimmte Gesetzmäßigkeiten zu unterstellen versuchen, ähneln zwar denen anerkannter Disziplinen, ernten dennoch nichts als Hohn und Spott.

Und nun erscheint auch noch diese Buchreihe! Astro-Logisches. Astrologische Aussage für Aussage wörtlich genommen. Und persifliert. Eines darf ich Ihnen, der Leserin, dem Leser, versichern, was sonst kein Verleger einer astrologischen Buchreihe tun darf, will er nicht gleich all das, was er publiziert, in Frage stellen:

Kein Wort von dem, was Sie auf den folgenden Seiten lesen, ist wahr. Nur zum Lachen. C.J. Frank

Inhalt

I
Wasser
Mann!
I love wassermann.

1
Wasser, Mann!

Wenn wir heute von Löwen und Krebsen, von Jungfrauen und — wie im vorliegenden Fall — von Wassermännern reden, so tun wir das in aller Unschuld, als habe es dergleichen immer schon gegeben. Und kaum einer stellt sich mal die Frage, wo diese eigenartigen Bezeichnungen herkommen. Der Blick zum Himmel jedenfalls kann uns dafür keine Erklärung liefern. Denn die einstigen Verbindungslinien zwischen den Sternen, durch die früher mal die Sternbilder markiert wurden, sind im Laufe der Jahrtausende längst verblaßt, und durch die Abgase der Flugzeuge ist auch der letzte Rest wegradiert worden, so daß für den Laien heute jegliche Orientierung fehlt. Allerdings will wohl das Pentagon versuchen, die Sternbilder in ihrer vergangenen Form wiederherzustellen, um sie in das SDI-Programm einzugliedern — ein Punkt, der auf der Genfer Abrüstungskonferenz ganz oben steht.

„Ein Löwe, ein Skorpion und ein Schütze am Himmel“, so Caspar Weinberger auf einer Geheimsitzung des Nationalen Sicherheitsrates, „könnten uns enorm viel helfen bei der Vernichtung sowjetischer Raketen. Auch eine Jungfrau, entsprechend ausgezogen, könnte die Besatzung bemannter Raumflugkörper ablenken, und ein Wassermann würde dem Feind zumindest die Sicht beeinträchtigen, denn wie wir durch den CIA wissen, haben die russischen Raumschiffe keinerlei Scheibenwischer, so daß sie an dieser Stelle außerordentlich verletzbar sind. Leider“, fügte Weinberger hinzu, „kostet die Restaurierung der Sternbilder zuviel Geld. Allein die Farbe für die Verbindungslinien verschlingt Unsummen, und ehe man eine Jungfrau beispielsweise so hinkriegt, daß die Russen bei ihrem Anblick vom Kurs abkommen — darüber vergehen Jahrtausende.“

Raketen im Netz fangen

Nun schön, das sind Probleme der Amerikaner, die uns im Augenblick jedenfalls nichts angehen, denn wir neigen bekanntlich zum Eureka-Programm, dessen Ziel es ist, feindliche Raketen in Netzen zu fangen, sie sofort einzustecken und harmlos pfeifend weiterzugehen, so daß der Gegner nichts merkt.

Wir werden also kaum noch erleben, am Himmel mal wieder einen wirklichen Wassermann zu sehen, und sind deshalb auf die Überzeugungskraft der Astrologen und unseren eigenen guten Willen angewiesen. Doch gerade was die Astrologen angeht, so haben diese seit einiger Zeit kräftig Rückenwind bekommen, denn mit der Auffindung der geheimen Papiere des ägyptischen Königs Nechepso ist unser Wissen über die Entstehung der Sternbilder enorm gewachsen.

Es dürfte inzwischen bekannt sein, daß diese Geheimschriften ein seltsames Schicksal hatten: Immer wieder tauchten Teile davon an den unmöglichsten Stellen auf. So geriet beispielsweise das gesamte Wassermann-Kapitel in das Rollenbuch eines Thomas-Bernhardt-Stückes, wo es zunächst gar nicht auffiel. Erst bei der Generalprobe wurde der Dichter hellhörig, und Bernhard Minetti mußte ganze Passagen wieder aus seinem Gedächtnis streichen, darunter auch Sätze wie: „Vorsicht, das Grillgut!", die er besonders ausdrucksstark gesprochen hatte.

Die Notwendigkeit der geistigen Auslöschung dieser und weiterer Sätze war schon deshalb betrüblich, weil sie in Hieroglyphen geschrieben waren, vermischt mit Keilschrift-Fremdworten, so daß ihr Auswendiglernen besonders viel Mühe gemacht hatte. Doch der Dichter bestand darauf.

In Kurzfassung stellt sich die Entstehung des Wassermanns folgendermaßen dar:

Wir alle kennen aus der Bibel die großen Katastrophen, die in vorchristlicher Zeit immer wieder über die frühen Städte hereingebrochen waren. Denken wir nur an Sodom und Gomorrha — riesige Brände, die ganze Wohngebiete in Schutt und Asche legten. Und immer wieder stellte sich den Historikern die Frage, wie es dazu kommen konnte. War die Menschheit wehrlos, gab's kein Mittel gegen Feuer, hatten die Löschzüge noch keine Vorfahrt?

Die Wassermann-Geschichte nun liefert uns die völlig überraschende Erklärung: Man wußte damals noch nicht, daß man Feuer mit Wasser bekämpfen konnte. Zwar kannte man schon die Möglichkeit, mit Schaum zu löschen, und die roten Feuerlöscher hingen auch hier und da herum, aber es waren einfach zu wenige. Und wie so oft: Im Notfall funktionierten sie nicht, oder aber der Betreffende wußte nicht mit ihnen umzugehen.

Ein berühmtes Grillfest

Doch lassen wir jetzt Nechepso zu Wort kommen: Eines Tages war es wieder mal so weit — König Barb'e'kiu II. veranstaltete eines seiner berühmten Grillfeste, bei denen es den damals schon so beliebten Schweinehals gab, dazu Bratwürstchen Thüringer Art. Es tanzten, wie üblich, die nubischen Sklavinnen, und Barb'e'kiu selbst betätigte sich mal wieder eigenhändig am Grill. Dies ließ er sich nicht nehmen, obwohl er erwiesenermaßen nur wenig Talent dazu mitbrachte — immer wieder ging ihm die Glut aus, oder sie entstand erst gar nicht, so daß die Gäste hungrig herumstanden und lustlos Konversation machten. Doch der Respekt vorm König hinderte sie daran, zu schimpfen oder einfach wegzugehen und im nächsten Lokal was zu sich zu nehmen.

Auch diesmal war die Glut mehr als dürftig; der König blies hinein, daß ihm die Ascheteilchen in die Augen stoben und sich auf die Bratwürstchen legten wie später mal die Vesuvlava auf Pompeji. „Jetzt reißt mir aber der Geduldsfaden", schrie er schließlich nach weiteren mißglückten Versuchen, und er nahm die Flasche mit dem Spiritus und bediente damit das magere Feuer. Sofort fuhr eine Stichflamme in die Luft, versengte dem König Bart und Augenbrauen und schickte sich an, auf die nächste Umgebung überzugreifen.

Nun rannte alles durcheinander, der Feuerlöscher wurde gesucht und, wie üblich, nicht gefunden, und man sah bereits wieder mal einem Großfeuer ins Auge — als ein Sklave, der eigentlich nur dazu da war, die Holzkohlen anzuschleppen, ausrief: „Wasser, Mann!" Dies galt einem Kollegen, der mit den Getränken beauftragt war, und sofort brachte dieser ein paar Flaschen Stilles Wasser an, das damals schon die Damen tranken, um später ihre betrunkenen Männer gefahrlos nach Hause chauffieren zu können. „Vorsicht, das Grillgut!", rief die Königin noch, denn als Hausfrau dachte sie weniger an die Katastrophe als daran, was das Zeugs alles gekostet hatte, doch der Rufer beachtete den Hinweis nicht und schüttete den Inhalt der Wasserflaschen wahllos auf alles Brennende, so daß das Feuer mit lautem Zischen verendete, und alle Umstehenden sich in Ruhe die Asche aus den Kleidern klopfen konnten.

,,Mein Gott", sagte Barb'e'kiu und rieb sich die Augen. ,,löscht der Mensch mit Wasser. Wie kommst du denn auf diese Idee?" Daraufhin erklärte ihm der Sklave, er stamme vom Feuerland, und dort lösche man nur mit Wasser, und das schon seit Ewigkeiten. ,,Wir haben da keine Schaumlöscher, dafür aber den Ozean direkt vor der Tür, und mußten aus der Not eine Tugend machen."

Denkmal oder Sternbild?

Der Rest ist schnell erzählt: Der Sklave wurde für seine Tat sofort zum freien Mann erklärt und zum Begründer der mesopotamischen Berufsfeuerwehr, deren Ehrenhauptmann er auf Lebenszeit blieb. Man nannte ihn nur ,,Wassermann", nach seinem damaligen spontanen Ausruf. Er wurde fortan zu allen Grillparties eingeladen, zu denen er grundsätzlich einen Eimer Wasser mitbrachte, denn Stilles Wasser wäre natürlich auf Dauer zu teuer gewesen, vor allem bei Großbränden. Nun konnte man auch hemmungslos mit der Spiritusflasche umgehen, denn wenn es brenzlig wurde, griff Wassermann zum Eimer, und alles war wieder in Ordnung.

So wurden die Feiern auch viel ausgelassener und fröhlicher, und man sprach schon in Partykreisen vom Segen des Wassermann-Zeitalters. Und als Wassermann schließlich hochbetagt starb und darüber abgestimmt wurde, ob man ihm ein Denkmal setzen sollte oder ob es nicht noch eindrucksvoller wäre, ihn als Sternbild an den Himmel zu stellen, da entschied man sich in der überwiegenden Mehrzahl fürs letztere. ,,Ich bin auch dafür", meinte der König, ,,denn wenn er da oben steht und immerzu seinen Eimer über uns ausleert, kann hier auch kein Feuer mehr ausbrechen.“

Tatsächlich findet man in der Zeit danach so gut wie keine größeren Feuersbrünste mehr. Und das liegt nicht, wie Forscher bisher annahmen, daran, daß den Leuten die Streichhölzer ausgegangen waren (noch Mommsen schrieb in seiner Geschichte der Alten Welt: „Um das Jahr 1000 v. Chr. wurden fast alle Streichhölzer durch eine weltweite Phosphorseuche dahingerafft.“), sondern an der Entdeckung des Wassers als Löschmaterial — und eben daran, daß Wassermann am Himmel den Eimer immerzu in Bereitschaft hielt.

Logisch, daß dies auch den babylonischen Astrologen nicht verborgen blieb. Und als einer von ihnen, ehe er zu Bett ging, nochmals vorsichtshalber zum Himmel blickte, da entdeckte er den Wassermann. „Also entweder bekommen wir morgen Regen“, sagte er zu seiner Frau, „oder es handelt sich um das neue Sternbild Wassermann. In diesem Fall würde ich's als Symbol für Originalität und übersprudelnden Einfallsreichtum nehmen, denn die Idee mit dem Wasser als Feuerlöscher war wirklich mal was Neues. Das erinnert mich übrigens daran, daß wir mal wieder einen kleinen Grillabend veranstalten könnten. Besorg doch mal 'n paar Nierchen, ich stell derweil das Wasser bereit!“

2
Mit Mainz und Maus

Der Winter dräut mit Macht Ende Januar und bis weit in den Februar hinein, wenn der Mensch in seiner astrologischen Variation Wassermann geboren wird, obwohl er doch eigentlich Schneemann heißen müßte. Und in der Tat: Bei den Eskimos heißt der Wassermann „öt-ker", was deutsch Eismann bedeutet.

Doch ist der Mensch dieser Winterwochen deutlich vom Steinbock unterschieden — er ist schon ein gutes Stück weg von dessen sorgenvoller Grämlichkeit und läßt bereits erste Anzeichen von Humor und Hoffnung erkennen.

Schuld daran sind vor allem die Urlaubskataloge, die in dieser Zeit erscheinen und in denen die Familie lustvoll blättert, während sie sich am warmen Ofen versammelt. Hei, wie ist es dann schön, vom Hotel in Strandnähe zu träumen — den Blick auf die reale Schnee- und Eiswirklichkeit gerichtet, die sich vorm Fenster auftut, sieht man das blaue Meer vor sich, den reinen weißen Sandstrand sowie den freundlich lächelnden südländischen Vertragsgastronomen.

Was tut uns da die Eisenbahnlinie, die neben der Hauptverkehrsstraße verläuft und das Hotelleben vom Strand fernhält, was stört uns der mahlende Zementmischer vorm Schlafzimmerfenster, das undefinierbare Strandgut, das die stürmische Nacht ans Ufer geworfen hat, und der ebenso undefinierbare Posten auf der Hotelrechnung, bei dessen Erklärung dem Empfangschef plötzlich der ganze deutsche Wortschatz ausgeht: Die Welt ist schön im Juni, Juli, August, und wir bereiten uns jetzt schon darauf vor, indem wir uns im TUI- oder Neckermann-Computer vorsorglich speichern lassen.

Beim intimen Hausball

Auch werden die Fernsehabende kurzweiliger, denn *Mainz, wie es singt und lacht* steht auf dem Programm, und da sind alle frohgestimmt, und einer schüttet dem anderen einen Konfetti-Schwall über den Kopf oder gar der ausgeschnittenen Nachbarin beim intimen Hausball schon mal ein Glas Sekt über den blanken Rücken, so daß sie „Huh, Sie Schlimmer, was machen Sie da nur mit mir!" ausruft.

Und damit sind wir auch beim Bild des Wassermanns: Ein älterer Herr, der meistens einen Krug mit Flüssigem ausschüttet — das „kann" auch mal Konfetti sein, aber natürlich auch Sekt, und viele halten den Wassermann deshalb für den Schutzpatron der Leichtfertigen, die mit Rotwein über neuer, heller Auslegware umgehen. „Beim

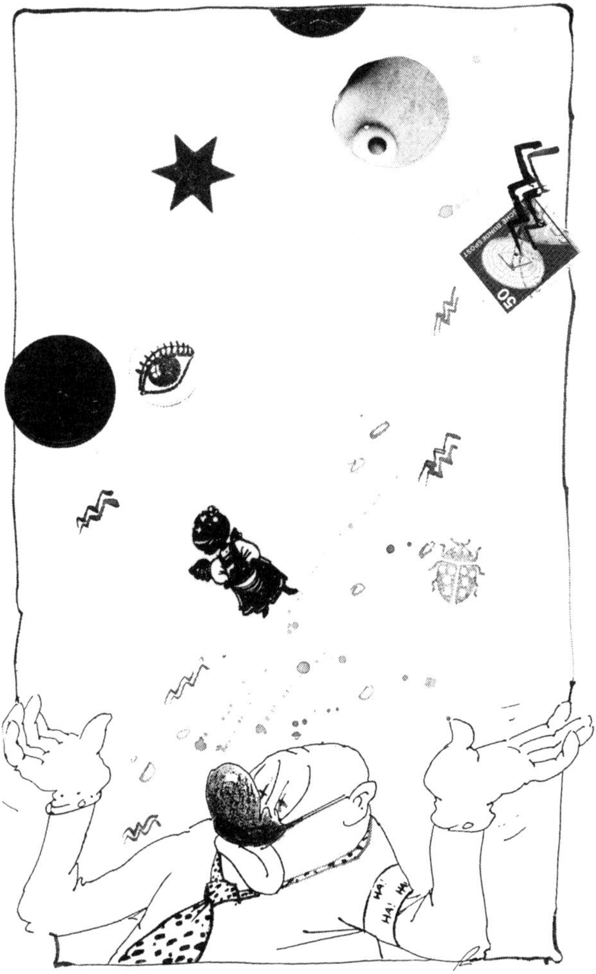
HA!
HA!
HA!

Heiligen Wassermann!“ so ruft einer gern aus, wenn er beim fröhlichen Karnevalstreiben seinen Amselfelder verschüttet.

Doch das sind so Äußerlichkeiten, mit denen sich jede Mythologie abfinden muß. In der Kulturgeschichte der Menschheit aber nimmt der Wassermann doch einen etwas anspruchsvolleren Platz ein. Denn nach dem pessimistischen Steinbock, der keinem traut, Vorsorge trifft und Kleingedrucktes liest, treffen wir nun auf den genialen Zauberer, der in seiner traulichen Wohnzimmerecke, die er deshalb auch gern „meinen Einfallswinkel“ nennt, seinen originellen und verrückten Ideen nachgeht. Man muß also bei einem Wassermann immer mit neuen Entdeckungen rechnen, denn sein Geist ist in stetiger Bewegung und sinnt auf Unverhofftes.

So arbeitet ein bedeutender Wassermann (Name tut nichts zur Sache) beispielsweise gerade an der Erfindung eines Telefons, wo man schon beim Hinrennen „Ja, ich komme!“ rufen kann, und zwar mit Erfolg, denn der Anrufer hört es und legt nicht gerade in dem Moment auf, in welchem man den Hörer abnimmt. Auch soll das Gerät einen zusätzlichen Modul erhalten, durch den man schon am Läuten hören kann, wenn der Anrufer sich verwählt hat oder ob es sich um einen handelt, der nur schwer atmet, wenn man den Hörer abgenommen hat, sonst aber schweigt.

Ein anderer Wassermann beschäftigt sich mit der Erfindung der perfekten Ausrede, die in allen Fällen anwendbar ist, in denen man später nach Hause kommt, sich auf Überstunden herausredet, die Ehefrau aber kurz zuvor im Büro angerufen hat. In diesen Fällen, die bislang aussichtslos waren, soll die neue Ausrede wirkungsvolle Abhilfe bringen. Sie wird auf der nächsten Frankfurter Messe angeboten werden — in einfacher Plastikausführung für alle Tage und in Chrom für besondere Anlässe, also beispielsweise, wenn sie an einem vergessenen Hochzeitstag gebraucht wird.

Doch ist der Wassermann kein verschrobener Stubengelehrter, sondern ein Kerl, mit dem man Pferde stehlen kann. Es können aber auch, wie die Astrologen hinter vorgehaltener Hand einräumen, mal zwei Ziegen sein oder ein gebrauchter Traktor.

Er ist auch von freundlicher und mitfühlender Gemütsart, und Grausamkeit liegt ihm fern. So hat man einen Wassermann beobachtet, wie er auf die Jagd nach einer Maus ging und die Falle ungespannt im Wohnzimmer aufstellte. Er gehe davon aus, sagte er, daß die Maus den Anblick richtig verstehe, nämlich als Warnung, und sich von allein entferne. „Wozu", meinte er, „soll ich Gewalt anwenden, wenn ein deutlicher Hinweis auch genügt?" Ein schöner Zug dieses reinen Gehirnmenschen, daß er auch der kleinen Kreatur Vernunft und Einsicht unterstellt.

Lange Zeit mußte sich der Wassermann „seinen" Planeten mit dem Steinbock teilen, denn für beide war Saturn zuständig. Doch mußte dies jeden Astrologen unbefriedigt lassen. Denn der grämliche Saturn kann nicht zugleich zu dem mürrischen Steinbock und zu dem quirligen Wassermann passen, mögen seine Ringe auch noch so originell sein. Hier lief etwas falsch und schrie nach Änderung.

Unruhiger Nachtschlaf

Diese Änderung kam, als der Astronom Herschel den Uranus entdeckte, so daß ein weiterer Planet zur Verfügung stand. Die Astrologen, und mit ihnen der Wassermann, hatten ein weiteres Mal Glück, als nämlich die Astronomen von ihrem ersten Plan Abstand nahmen, den neuen Wandelstern nach seinem Entdecker zu nennen. Sonst würde nämlich der Wassermann dem Herschel unterstehen, und der würde höchstens Veranlagung zu scharfen Brillengläsern und unruhigem Nachtschlaf geben, und damit kann man natürlich nichts anfangen.

Doch konnte diese Gefahr gerade noch abgewendet werden, denn man entschloß sich, die Reihe der Götter fortzusetzen, und nannte ihn Uranus, was auf deutsch „Der Spaltbare und dann weithin Knallende" heißt, was im Chinesischen auf ein lapidares „Peng" verkürzt wird. Uranus ist auch deshalb eine ideale Fortsetzung im Tierkreis, weil mit ihm nach dem obersten Gott Jupiter im Schützen und dessen Vater Saturn-Kronos im Steinbock nun wiederum dessen Erzeuger im Wassermann steht, sozusagen Urgroßvater der meisten Planeten.

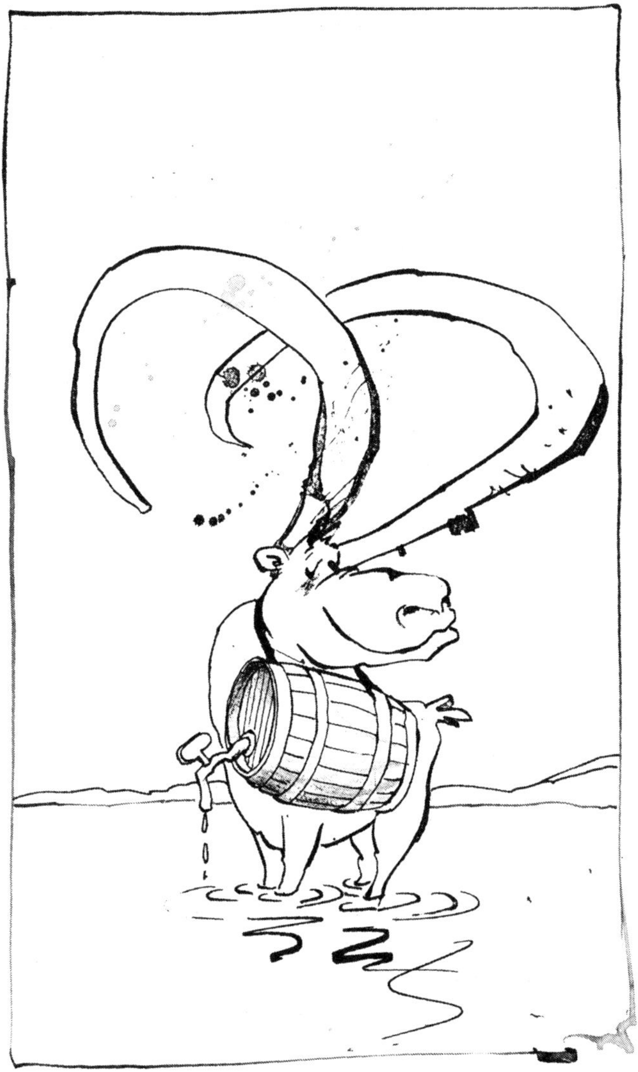

Nach der Vorstellung der alten Griechen senkte sich Uranos (der Himmel) jeden Abend auf Gaia (die Erde) herab — mit welchen Absichten, läßt sich leicht denken. Doch er war zu schwer für die Erde, und diese ächzte jedesmal, besonders als sie älter wurde. Uranos behauptete allerdings, er sei mitunter auch ganz normal mit einem Strauß Rosen gekommen und habe geklingelt, doch dann habe ihm nie einer aufgemacht. Doch davon ist nichts offiziell überliefert. Jedenfalls heißt die Erde auf griechisch nicht umsonst hä gä, und von da ist's zum deutschen He, geh! nicht weit, und das bedeutet ja nichts anderes als: Schau, daß du wegkommst! Da aber Uranos sich nicht danach richtete, nahm sein Sohn Saturn eines Abends eine besonders rostige alte Sichel und schnitt dem Himmel das ab, womit er Gaia immer auf den Geist und auf den Körper ging. Dabei fielen einige (!) Blutstropfen ins Meer, das daraufhin wild aufschäumte, und daraus, so sagt man, ist dann Venus entstanden. Venus aber ist zuständig für Stier und Waage, und so ist der Wassermann eigentlich mit diesen beiden reizvollen Sternzeichen blutsverwandt.

Planet aus Blutstropfen

Das ist ein guter Anknüpfungspunkt, wenn man als Wassermann auf einer Party eine hübsche Stierin oder Waagin trifft und nicht weiß, was man reden soll. Da sagt man in Zukunft nur: „Wußten Sie schon, meinem Planeten wurde von dem da drüben seinem (und dabei zeigt man auf einen grämlichen Steinbock) mal was abgeschnitten, und aus den Blutstropfen entstand dann Ihr Planet. Also sind wir astrologisch sozusagen Bruder und Schwester. Was ist, wollen wir das nicht entsprechend begießen?" Und schon hat man ein interessantes Gesprächsthema, das eine Menge eröffnet.

Allerdings, so sagen die Astrologen, nicht alles, was Uranus dem Wassermann gebracht hat, ist vorteilhaft. Saturn nämlich sei der mit Abstand sparsamere Planet, und die von ihm Beherrschten würden ihre alten Kleider sorgfältig flicken und jahrelang tragen. Uranus dagegen orientierte sich am letzten Modeschrei, und sowas komme natürlich bedeutend teurer. Jedenfalls für den weiblichen Wassermann.

3
Die Besonderheiten des Wassermanns

Schwer ist es, den Wassermann immer richtig einzuschätzen, denn nur zu oft ist er das Opfer seiner eigenen Einfälle, und so wird er in jedem Bereich für Überraschungen sorgen. Als Sportler beispielsweise bevorzugt er ausgefallene Disziplinen wie Eis-Polo — vier mit Schlittschuhen ausgerüstete Pferde und darauf Reiter, die sich bemühen, einen Hockeypuck durch die Torwand des ZDF zu schlagen. Doch dieses Spiel ist nur schwach verbreitet, so daß kaum ein Wassermann Gelegenheit hat, sich hier auszuzeichnen — was ihm im übrigen auch egal ist, denn der Wassermann kümmert sich nicht um vordergründige Ehren und Pokale, sondern er interessiert sich für Höheres, wie z. B. den Fernsehturm von Toronto.

Wenn er indes vom Sport leben will, so muß er sich in populäreren Arten umtun. Und so geschieht es, daß auch viele Wassermänner beim Fußball landen. Natürlich ver-

suchen sie auch hier mit originellen Einfällen und Tricks — nicht immer ganz sauberen — aufzuwarten. Nun weiß man, daß gerade beim Wassermann das Verhältnis Dilettant/Genie besonders kraß ausgeprägt ist und ungefähr zwei zu eins beträgt. Man hat es also oft mit Scharlatanen zu tun, denen nichts heilig ist. So kann der Wassermann-Fußballer einen zweiten Ball bei sich tragen, den er im rechten Augenblick, nämlich wenn alle anderen Spieler weit weg mit dem echten Ball beschäftigt sind, aus der Tasche zieht und ins Tor schießt. Wenn der Schiedsrichter dieses Tor dann nicht anerkennen will, so erstreitet er sich's vorm DFB-Gericht, wobei er als Zeugen nur Fans der eigenen Mannschaft akzeptiert, die der anderen aber „wegen Befangenheit" ablehnt.

Doch ist dieses Verfahren enorm umständlich, und so wird der geistig höherstehende Wassermann-Typ zu ganz anderen Mitteln greifen. „Da sitzt Beckenbauer", ruft er seinem Kontrahenten zu, der ihm den Ball streitig machen will, und deutet zur Tribüne hoch. Und wenn der andere dann stehen bleibt, in Richtung des Kaisers lächelt und schnell ein paar Dribbelschritte ohne Ball macht, ist unser Wassermann längst in aussichtsreicher Position vorm gegnerischen Tor.

Da der Wassermann mehr mit dem Kopf als mit den Beinen spielt, hat er auch keine Altersprobleme und kann die-

sen Sport sehr lange ausüben. Noch zwischen 50 und 60 kann man ihn auf dem Rasen in Aktion sehen. Vor allem natürlich als Torwart, wo er den gegnerischen Stürmer — angenommen, man spielt gegen Bayern München — mit der Bemerkung außer Fassung bringt: ,,He, was fällt dir ein, aufs eigene Tor zu rennen. Kennst du mich nicht, ich bin Pfaffs Vater. Er selbst konnte nicht kommen, weil ihm was auf den Zeh gefallen ist. Nun gib schon den Ball her, ich schlag ab!" Fußballspieler, die sich ja oft genug sogar von dem echten Torwart düpieren lassen und ihm kopflos den Ball in die Hände spielen, werden durch solche Worte leicht verunsichert, und so bleibt der Stürmer wirklich stehen, dreht sich um und ruft den Nachfolgenden, die in eine gute Schußposition laufen wollen, zu: ,,Sagt mal, stimmt das, ist das wirklich Jean-Maries alter Herr?" Doch dieser Augenblick genügt dem Wassermann, und schon hat er den Ball.

Aufgrund seiner hohen Intelligenz, die sich schon beim Sport in Bravourstückchen äußert, wie wir hier gesehen haben, ist der Wassermann natürlich hervorragend geeignet für akademische Berufe und als Forscher. Allerdings kann ihm seine Unstetigkeit hier so manchen Streich spielen und einer kontinuierlichen Karriere im Weg stehen.

So fängt er vielleicht früh morgens als Insektenforscher an und widmet sich dem Unterkiefer der Blattlaus. Dabei wird sein Interesse für Unterkiefer grundsätzlich geweckt, und er sattelt um auf Zahnmedizin. Schon sein erster Patient um zehn Uhr ist vielleicht ein Physiker, der im Behandlungsstuhl über Elementarteilchen spricht, während unser Wassermann das Amalgam anmischt. Dabei fällt der Name Quarks. Das Wort fasziniert ihn, und er sieht das unerhörte Gebiet der Ernährungswissenschaft unter dem Aspekt reiner Eiweißzufuhr vor sich.

Heilpraktische Ernährungslehre

Sofort läßt er Zange und Mundspiegel fallen, entschuldigt sich mit ein paar hastig hingeworfenen Bemerkungen und studiert von halb elf bis elf bei Dr. Köhnlechner heilpraktische Ernährungslehre. Doch er kommt nicht dazu, diesen Beruf auch auszuüben, denn noch während ihm ein Assistent des Meisters das Rezept eines Sojabohnenauflaufs erklärt, fällt sein Blick auf eine Schlagzeile in Westermanns Monatsheften: „Sind die Pyramiden nur übergroße Fahrkartenhäuschen?“ „Sekunde mal“, sagt er, die angebissene Avocado aus der Hand legend, „das interessiert mich: Straßenbahnen in Memphis?“ Und schon belegt er einen Kurs in angewandter Ägyptologie und findet noch vor 14 Uhr heraus, daß man die Fahrkarten in der Pharaonenzeit entwertete, indem man sie in unzählige kleine Schnipsel zerriß und mit dem dreimaligen Ausruf „Ich erkläre dich für ungültig!“ während eines kräftigen Samums in die Wüste flattern ließ.

Er ist gerade dabei, dem interessanten Problem der Monatskarten nachzugehen, als er sieht, wie seine Sekretärin — er kennt sie seit drei Minuten — beim Blumengießen mit

ihrer Palme spricht, und sofort ist er von dem Thema der Feinfühligkeit bei Pflanzen fasziniert. Er läßt sich von der nächsten Blumenhandlung ein Usambaraveilchen besorgen, das er im Handumdrehen zum Erblühen bringt, indem er ihm „So ein Tag, so wunderschön wie heute“ ins Ohr singt und ihm zehn Minuten lang Fernsehspots von Composana vorführt.

Bei der Beschäftigung mit diesem parapsychologischen Phänomen, das ihn für eine halbe Stunde in einen fruchtbaren Briefwechsel mit Prof. Bender treten läßt und ihn zum begeisterten Fotoamateur macht, der sich mit den Problemen der Kirlian-Fotografie herumschlägt, konzentriert er sich zum Schluß ganz auf die Botanik, um sich mit dem Nervensystem der Pflanzen sowie mit ihrer Methode der bargeldlosen Zahlungsweise auseinanderzusetzen. Kurz vor Feierabend entdeckt er unterm Mikroskop eine Blattlaus, die sich gerade über einen Teller Chlorophyll hermacht, und sofort wird sein Interesse an dieser komplexen Welt der Kleinlebewesen erregt. „Ich glaube, ich werde mich am besten der Insektenforschung widmen“, sagt er zu seiner Frau, als er am Abend zu Hause seinen weißen

Laborkittel an die Garderobe hängt. „Aber das tust du doch schon längst, mein Schatz", antwortet diese, und mit einem „Na, dann ist ja alles in Ordnung" fällt er über den Teller mit Schnittchen her.

Der Geist des Wassermanns zeichnet sich durch unruhiges Schweifen und ständige Neugier aus. Das macht ihn auch als Detektiv unschlagbar. Der Widder beispielsweise wird gern Detektiv, weil er Prügelszenen liebt. Oft schlägt er aufs Geratewohl zu, und wenn er den Falschen trifft, meint er: „Ach, Sie sind unschuldig? Ihre Schuld. Sie müßten wissen, daß die mit den harmlosesten Gesichtern meistens die Täter sind. Nichts für ungut." Der Stier wird Detektiv, weil er leidenschaftlich gern gutaussehende Frauen überwacht, die im Verdacht der Untreue stehen, und die er in eindeutigen Situationen fotografieren muß. Der Zwilling wird Detektiv, weil er mit großem Vergnügen den Täter über seine Rechte aufklärt, wobei er gern noch einen kleinen Exkurs über den Gegensatz von Schuld- und Tatstrafrecht dranhängt, so daß der entnervte Täter völlig zusammenbricht und nur noch „Abführen, bitte" wimmern kann.

Methoden eines Detektivs

Der Krebs wird Detektiv, um den Verbrecher auf die rechte Bahn zurückführen zu können, wobei er ihm gern noch ein Geldstück für den Zigarettenautomaten in die Hand drückt („Damit Sie nicht gleich wieder einen knacken müssen!"), und der Löwe, weil er den großen Auftritt liebt und nichts Schöneres kennt als schneidend „Sie sind verhaftet, Gesicht zur Wand, Beine breit!" auszurufen.

Die Jungfrau wird Detektiv, weil sie Verbrecher haßt, die immerzu Blut auf den Teppich verspritzen und überall unaufgeräumte Leichen herumliegen lassen. („Dafür gehören sie ins Kittchen, und zwar lebenslänglich!")

Die Waage liebt den Detektivberuf, weil sie hoffnungslos in stilechte Trenchcoats und Bogart-Hüte vernarrt ist („Ohne meinen Trench bin ich hilflos, eher verzichte ich auf meinen 45er."). Und dem Skorpion liegt dieser Beruf, weil er da den Täter bis ins Mark erschrecken kann, indem er kalten Blickes sagt: „Ich komme vom Finanzamt, Sie müssen 76% Ihrer Beute versteuern!" Der Schütze dagegen liebt Verfolgungsfahrten, bei denen man rote Ampeln ignorieren kann, und der Steinbock genießt den Augenblick, in dem er dem Täter grämlich ins Gesicht blickt und sagt: „Sehen Sie, Verbrechen zahlt sich nicht aus." Und der Fisch mag es, in schummrigen Kneipen zu sitzen, einen Whisky vor sich, und die hübsche Bardame auszufragen, wobei er gern noch den Wunsch nach einem privaten Treff dranhängt.

Der Wassermann als Detektiv aber ist der einzige, der wirklich wissen möchte, wer der Täter ist. Und deshalb ist er immer sehr enttäuscht, wenn es sich dabei wieder mal um den Gärtner handelt. „Wieder der Gärtner", klagt er bitter, „das ist schon der fünfte Fall in Folge, wo es der Gärtner war. Und ich hatte mich so sehr auf die Nichte des Toten kapriziert. Dieser Detektiv-Beruf wird auch immer langweiliger. Am liebsten würde ich ihn an den Nagel hängen. Wenn ich bloß wüßte, was ich statt dessen machen könnte. Was ist denn noch interessant — ach ja, Gärtner natürlich! Aber ein Gärtner, der keinen umbringt, das wär mal was Neues!"

4
Ein Wassermann-Leben

Erich Weller wurde an einem 10. Februar geboren. Schon diesen ersten Auftritt gestaltete er bemerkenswert: Er hatte ein braunes und ein blaues Auge, letzteres von der Farbe der Nordsee an einem bewegten Tag. „Wenn man genau hinschaut", sagte der Arzt, „kann man kleine Schaumkronen sehen, und mit einem Okular erkennt man sogar im Vordergrund ein paar Muscheln."

Jedenfalls: Weller war der Hit der Kinderstation, und andere Eltern hatten kaum ein Auge für ihr eigenes Neugeborenes, sondern wollten sofort das „Baby mit dem Meerblick" sehen, so daß Wellers Eltern vielfach beneidet wurden. „Mein Kind ist auch Wassermann", sagte eine Mutter, „aber das einzig Nasse an ihm sind seine Windeln." Und sie wandte sich gekränkt wieder ihrer „Frau im Spiegel" zu, und speziell dem Kapitel „Was man bei der Schwangerschaftsgymnastik falsch machen kann."

Doch nicht nur Wellers Äußeres — auch seine Intelligenz war bemerkenswert. So hatte er sich eine besondere Methode ausgedacht, um auf sich aufmerksam zu machen (wenn er Hunger hatte oder auch beim Gegenteil davon): ein Bindfaden, der von seinem Handgelenk an die Schlaufe führte, mit der die Säuglingsschwester ihren weißen Kittel zusammenhielt. Weller mußte nur kurz ziehen, und schon öffnete sich der Kittel und gab reizvolle Einblicke frei, denn die Schwester war eine hübsche, blonde 19jährige Kriegsdienstverweigererin, die in der Klinik ihren alternativen Pflegedienst absolvierte.

„Weller muß bald wieder Hunger haben", pflegten die Ärzte dann zu sagen und legten das Operationsbesteck aus der Hand, „laß uns mal vorsichtshalber rüber zu Brigitte gehen, irgendein offizieller Grund wird uns schon einfallen."

Spiele im Kindergarten

Und natürlich waren sie traurig, als der Spaß ein Ende hatte und Weller mit seiner Mutter nach Hause entlassen wurde — alle standen sie in der Tür und winkten, auch der Chefarzt, wobei sie Wellers Mutter zuriefen: „Kommen Sie bald nieder, und das möglichst wieder im Februar!"

Wellers aufgeweckter Sinn zeigte sich auch im Umgang mit seinen Spielgefährten im Kindergarten. So erfand er ständig neue Spiele mit ausgesucht komplizierten Regeln, die ihm die Möglichkeit gaben, jedes Ergebnis als einen Sieg zu interpretieren. Da er um Geld spielte, wenn auch nur um kleine Beträge, konnte er den Wellerschen Haushalt tatkräftig unterstützen. „Zumindest mein tägliches

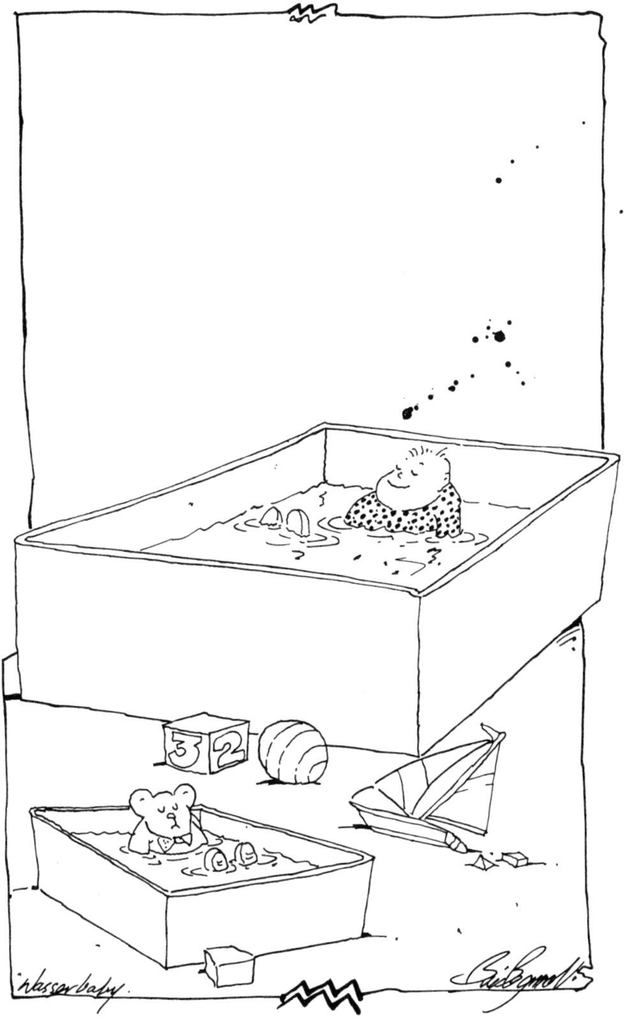
Wasserbaby

Banjo muß dabei rausspringen", pflegte er zu sagen. Natürlich war seine Intelligenz durch die etwas naiven Beschäftigungen im Kindergarten nicht ausgelastet, und schon damals stellte man eine gewisse Unstetigkeit bei ihm fest. So spielte er grundsätzlich das gesamte Kindergarten-Programm simultan, indem er von Tisch zu Tisch ging und sich hier mit Lego, da mit Klötzchen und dort mit der Herstellung von Sandkuchen beschäftigte, und an einem vierten Platz malte er schnell noch ein Bild mit einem Thema eigener Wahl, wobei er Erlebnissen aus seinem letzten Urlaub den Vorzug gab.

Zu logisch für diese Welt

Lange Zeit war er nicht zu verstehen, da er es sich angewöhnt hatte, rückwärts zu sprechen, eine Eigenart, die er zur Virtuosität steigerte, und er mußte schwer dagegen ankämpfen, um sie wieder abzulegen. Er versuchte, das Problem dadurch zu lösen, daß er sich mit dem Rücken zu seinem Gesprächspartner stellte und meinte, auf diese Weise müsse ihn doch der andere wieder verstehen, worauf sein Vater immer nur lachend sagte: „Mitunter ist er einfach zu logisch für diese Welt!"

In der Schule gehörte er natürlich zu den Besten, und sein Gehirn saugte sich derart mit Wissen voll, daß seine Bücher am Ende des Schuljahres fast nur noch aus leeren, weißen Blättern bestanden, was jedesmal mit der Schulverwaltung zu Auseinandersetzungen führte. Eines seiner Lieblingsfächer war Geschichte, und er pflegte den Unterricht dadurch aufzulockern, daß er im Kostüm der gerade durchgenommenen Zeit erschien — mal in einer Toga, dann in Ritterrüstung, als Hauptmann im Wallensteinschen Heere und bei der Gründung des Deutschen Reiches mit Pickelhaube. Besonderes Aufsehen erregte er im Stresemann, als die Weimarer Republik dran war. Deshalb war er bestürzt, als er erfuhr, daß die Hessische Landesregierung im Zuge ihrer Abschaffung aller Lehrfächer nach der Rechtschreibung nunmehr den Geschichtsunterricht gestrichen hatte.

Ein Glöckner von Notre Dame

Doch es gab auch Fächer, in denen er weniger brillierte, da er ihre Notwendigkeit nicht einsah. Sport zum Beispiel. So weigerte er sich, den Hundertmeterlauf ernst zu nehmen. „Wozu diese Rennerei", pflegte er zu sagen, „wenn man halbwegs pünktlich von daheim weggeht, muß man nicht derart in Schweiß kommen. Und weshalb Hochsprung und Sprossenwand — wir haben zu Hause Treppen und Lift."

Dafür war sein künstlerisches Interesse besonders ausgeprägt, vor allem für Musik. Hier war sein Bogen weitgespannt — während er eben noch Mozart hörte, glaubte seine Mutter schon wenig später, er habe den Schrank umgeworfen, und stürzte ins Zimmer. Doch da war meist alles noch in Ordnung, und Weller saß brav vor seinem Plattenspieler — er hatte lediglich eine Ligeti-Platte aufgelegt und hörte versunken zu.

Beim Abitur hatte er Aufsehen erregt. Nicht nur, weil er als Glöckner von Notre Dame kenntnisreich über das französische Spätmittelalter referiert hatte und die Lehrer ihn während seines Vortrags kaum anschauen konnten, so echt war seine Maske, sondern er war auch in Mathematik mit der revolutionären These aufgetreten, bei Wurzel aus minus eins handele es sich zwar in aller Regel um eine imaginäre Zahl, bei Bodennebel in der Lüneburger Heide aber bekomme man eine Schüssel mit kleingeraspelten Karotten heraus.

Da man ihm prophezeit hatte, als Wassermann werde er zunächst den falschen Beruf ergreifen, arbeitete er freiwillig in einem Steinbruch bei Saarbrücken, um diese Etappe schnell hinter sich zu kriegen, schaffte es aber immerhin, während dieser Zeit den besonders leichten Styropor-Stein zu erfinden, der auf dem Wasser schwimmt und aus dem man sogar Surfbretter schnitzen kann. So sei die Arbeit im Steinbruch keine solche Schinderei mehr, meinte er. Trotzdem sei dieser Beruf der falsche für ihn, und es sei gut, ihn nunmehr hinter sich zu haben.

Jetzt also konnte er sich unbeschwert auf die Arbeit stürzen, für die er sich immer schon begeistert hatte: auf das Studium der Heuristik, also auf die Lehre vom Erfinden, die er dahingehend erweiterte, daß man nun auch während der Sportschau, beim Durchqueren des Ärmelkanals im Schmetterlingsstil sowie an einem total verkaterten Vormittag nutzbringende Einfälle haben durfte. So vergrößerte er die Kapazität der professionellen Erfinder beträchtlich, so daß eine Flut von neuen Patenten über uns hereinbrach, worunter das Hemd mit abnehmbarem Krokodil sicher die bahnbrechendste Neuerung war.

Blühende Oase am Südpol

Doch die Unruhe, die sich schon im Kindergarten bemerkbar gemacht hatte, griff erneut nach ihm, und so schloß er sich einer Antarktis-Expedition an, um an Ort und Stelle eine These auszuprobieren, die er im häuslichen Labor schon ausgetestet hatte. Er behauptete nämlich, wenn alle am Südpol operierenden Nationen ihren Leuten befehlen würden, täglich eine Stunde lang zu hauchen, dann könne man den sechsten Kontinent in eine blühende Oase verwandeln. Leider zogen die Russen nicht mit, sondern ließen im Gegenteil die ganze Nacht über die Kühlschranktür offen, so daß aus der hoffnungsvollen Sache nichts wurde.

Nach diesem Mißerfolg, den er zu Recht in der Unfähigkeit des Menschen begründet sah, große Ideen über niedrigen Eigennutz zu stellen, zog er sich für die nächsten Jahre aus dem öffentlichen Leben zurück. Er erinnerte sich an die besondere Qualität seiner Schulaufsätze, die immer nur beste Noten eingebracht hatten und von den Lehrern mit heißem Herzen nachts heimlich unter der Bettdecke gelesen worden waren, und so entschloß er sich, eine gewisse Zeit als Schriftsteller zu arbeiten. Er verfaßte in der Tat einige aufsehenerregende Abenteuerromane, die außerordentlich handlungsintensiv waren und von Ideen überquollen, so daß man bei ihrer Verfilmung jede Hauptrolle mit mehreren Darstellern besetzen mußte.

Täglich die Krawatte wechseln

Er hatte es sich angewöhnt, alle paar Jahre seinen Beruf, seine Interessen oder wenigstens seine Wohnung zu wechseln, und als er eines Tages nicht mehr wußte, was er wechseln sollte, geriet er in eine tiefe Krise. Seine Frau ließ sich die Haare kurz schneiden und mit Henna färben, um wenigstens einen neuen Anblick zu bieten, doch da sie vorher wunderbar langes blondes Haar besessen hatte, akzeptierte er zwar dankbar die Änderung, fand sie aber nicht vorteilhaft. So ist das einzige, was aus dieser Zeit auf uns gekommen ist, sein Briefwechsel, der aber nur bemerkenswert ist durch die Art, wie er seinen Absender schrieb. Zumindest geht daraus hervor, wie sehr er an dem Mangel an Wechsel litt, und er fürchtete schon schwermütig zu werden, wenn „ich nicht wenigstens jeden Tag die Krawatte wechseln würde!“ Ein Aufschrei, der uns in seiner Bitterkeit heute noch ergreift.

Nach seinem fünfzigsten Jahr kam er auf die Idee, nur noch Geld zu wechseln, und zwar wechselte er kontinuierlich von der niedrigsten Währung in die nächsthöherwertige und so fort, so daß er auf diese Weise sein eigentlich bescheidenes Vermögen sukzessive vermehrte, und beim Eintritt in das Alter war er ein saturierter Mann, der dem Lebensabend beruhigt ins Auge blicken konnte. Dergestalt finanziell abgesichert, konnte er sich ganz darauf konzentrieren, täglich seine Ansichten zu wechseln, was ihn zu einem interessanten Gesprächspartner machte. Und als er auf diese Weise eines Tages zu der Ansicht gelangte, daß es nicht nur ein Leben nach dem Tod gab, sondern daß man sich dort auch soviel Erdbeereis, wie man nur wollte, bestellen konnte, entschloß er sich zum sofortigen Hinscheiden, um der Möglichkeit aus dem Weg zu gehen, diese vorteilhafte Meinung zu ändern. Da er rasch noch das schnelltrocknende Taschentuch erfunden hatte, hielt sich die Trauer seiner Hinterbliebenen in Grenzen — als diese feststellen mußten, daß verzweifeltes Weinen keine sichtbaren Folgen hinterließ, verzichteten sie ganz darauf.

Ein schlichter Grabstein gemahnt an ihn. Seine Aufschrift: Hier ruht Erich Weller — falls er ruht.

$E=mc^2$ (c=♡

5
Der Wassermann und die Liebe

Er war so ganz anders als andere Männer, und gleich zu Anfang schon wußten Sie, daß es sich um einen echten Wassermann handelte — oder war das überhaupt kein Mann im üblichen Sinne? Jedenfalls hatte er Sie mit einem rätselhaften Lächeln angesprochen, und der Helm mit den beiden Antennen auf seinem Kopf hob ihn sofort aus der Masse heraus.

„Entschuldige bitte, Erdlingin", hatte er gesagt, „aber ich bin der hübschere Bruder von E. T. und finde mich ein bißchen schwer zurecht. Dürfte ich Sie als Kommunikationsmedium benutzen, um meine Strömungen durch Sie hindurch zu schicken?"

„Wenn dabei die Maschen meines Armani-Pullovers nicht reißen", hatten Sie etwas hilflos geantwortet, „und Sie auch keine unanständigen Fotos von mir machen — bitte sehr, gern."

Er hatte herzlich gelacht, was sich bei ihm allerdings in einem seltsamen Kichergeräusch im UKW-Bereich äußerte. ,,Keine Angst'', sagte er, ,,es kitzelt höchstens ein wenig. Sie werden später gar nicht mehr darauf verzichten wollen.''

Nun hatten Sie ihn tapfer ausgefragt: ,,Wo kommen Sie her? Sie werden verstehen, daß ich mich mit keinem Außerirdischen abgeben kann, wenn er mir nicht wenigstens seinen Heimatort nennt. Das hatte ich für das einzige, was ich unbedingt wissen muß.''

Eine subatomare Strahlung

Aus seinen Augen schossen zwei kleine Laser-Blitze, die wohl Zustimmung signalisieren sollten, denn mit seiner sanften und ein wenig metallisch klingenden Stimme hatte er bereitwillig Auskunft gegeben. ,,Wir kommen von einem Stern, der bei euch Epsilon Aurigae heißt, den wir aber in unserer Sprache Omikron Aurigae nennen. Verwandte haben wir auf den Magellanschen Wolken, aber natürlich nur bei bedecktem Himmel. Und gelandet sind wir in der Ebene von Nazca, die wir ,,Erich von Däneken Airport'' nennen. Ich bin nur kurz hier herüber geprssstft, um mal zu sehen, wie mein kleiner Bruder beim Publikum ankommt. Ach so: prssstfen, damit meinen wir: Ich habe mich in subatomare Strahlung aufgelöst und mich gerade jetzt, hier neben Ihnen, wieder zusammengesucht.''

Nun sind Sie ganz schön aus dem Häuschen. ,,Erzählen Sie mehr von sich'', sagen Sie mit glühenden Wangen, ,,wie lange sind Sie von Ihrem Stern unterwegs, und welchen Antrieb benutzen Sie?''

Der Wassermann — denn Sie werden von Sekunde zu Sekunde sicherer, daß Sie es mit einem solchen zu tun haben — scheint in seinem Kopf rasend schnell ein paar Kontakte zu schließen, denn feine und liebliche Geräusche kommen unter seinem Helm hervor. „4000 Jahre sind wir unterwegs. Es handelt sich also nur um einen kurzen Abstecher. Ich habe aus dem letzten Äon noch rund 70 000 Tage Urlaub zu kriegen, und die muß ich jetzt abbauen. Und als Antrieb benutzen wir einen Stoff, den ihr auch kennt: ein Pulver, das weißen Wirbelwind erzeugt. Nur: Ihr putzt damit die Spülbecken, wir hingegen füllen es in unsere Raumschifftanks. Ohne dieses Mittel wären schnelle Wochenendreisen nicht zu machen."

„Und Sie sind in einer richtigen fliegenden Untertasse gekommen?" fragen Sie jetzt weiter, denn der geheimnisvolle Fremde mit der eigenartigen Ausstrahlung, die so manchem Vorübergehenden das Toupet vom Kopf reißt, beginnt Sie mehr und mehr zu faszinieren.

„Das sind Märchen", meint er, „unser Raumschiff ähnelt eher einer Teekanne mit handgemaltem Rosenmuster, obwohl ich persönlich auf diese moderne Kunstrichtung nicht so stehe und einen Fries aus vierdimensionalen Rechtecken, wie wir sie zu Hause als Verkehrszeichen benutzen, viel lieber hätte. Und auch der andere Raumschifftyp, den wir für etwas längere Reisen benutzen, sieht nicht wie eine Untertasse aus, sondern ähnelt viel mehr einer Hutablage. Doch nun, liebe Erdlingin, sagt mir: Ich verspüre Queck und Levtenhäussen — was bei euch wohl Hunger und Durst heißt — und würde gern zu jenem Schild dort gehen, das den zweifachen Bogen des Großen Randal zeigt."

„Aber das ist doch das M von McDonald's", sagen Sie, und jetzt ist es an Ihnen, herzlich zu lachen, „das ist die Hauptnahrungsquelle der Erdlinge — ja, laß uns dahin gehen."

Hamburger in Raumschiff-Form

Natürlich gibt es da viel für ihn zu staunen, und zuerst macht er Anstalten, seinen Hamburger mit der Kunststoffschachtel zu verspeisen, und mit dem Röhrchen im Cola kommt er auch nicht gleich zurecht. Doch Sie sind eine aufmerksame Führerin durch die Welt der Erdlinge und zeigen ihm alles. (Allerdings zeigen Sie auch *ihn* allen und das hat zur Folge, daß schon kurz nach Ihrem Besuch McDonald's eine Aktion startet und Cola und Hamburgern eine Verpackung in Raumschiff-Form gibt.)

Doch gleich ist das Gespräch wieder in vollem Gang. „Essen bei Ihnen die Augen nicht mit?" fragt er, „ich hörte von diesem Brauch, aber niemand scheint ihn auszuüben." Wieder lachen Sie und erklären ihm, was es damit auf sich hat. Er wirkt enttäuscht. „Bei uns", sagt er, „essen viele Augen wirklich mit. Man nimmt sie nacheinander heraus und serviert ihnen etwas auf einem kleinen Schüsselchen, Lepskeps heißt es. Natürlich läßt man nicht beide Augen gleichzeitig essen, man würde sich ja dann auf dem

Teller nicht mehr zurechtfinden. Also nimmt man erst das eine, dann das andere. Aber die Augen haben dann hinterher wieder die optimale Sehkraft. Bei mir ist das nötig, denn ich habe blaue Augen, die niemals essen, weil sie eine Diät einhalten.“

Es ist klar, daß der Weltraum und die fernen Zivilisationen das beherrschende Thema bilden. Und hier dürfen Sie ruhig mal etwas aus sich herausgehen, denn der Wassermann liebt originelle Gefährtinnen mit selbständigen Gedanken. Erwähnen Sie beispielsweise, daß die Bewohner von Ras Algethi, die vor zwei Jahren zu Ihrem Geburtstag gekommen wären, zum Teil Interessanteres zu berichten gehabt hätten. „Stellen Sie sich vor,“ sagen Sie eifrig, „die reisen mit Schiffen, die aussehen wie große Locher und die sechsmal so schnell sind wie das Licht. Dadurch sind sie so geschwind, daß sie noch zu Hause beim Mittagessen saßen, während sie schon bei mir das dritte Stück Erdbeerkuchen aufluden. Außerdem wählen sie ihren König nur unter Kandidaten aus, die Heuschnupfen haben.“

Geschmack wie Glasreiniger

Er macht eine wegwerfende Handbewegung. „Die Ras Algethiker sind Angeber. Dafür sind sie im ganzen Universum ccc X 1 H — also in unserem hier — bekannt. Man besucht sie ungern, vor allem, weil man nie sicher sein kann, ob sie nicht den herrlichen Perox mit Wein versetzen. Perox,.müssen Sie wissen, ist ein wunderbares Getränk aus langfaserigen Molekülketten, das in riesigen Raffinerien hergestellt wird und herrlich aromatisch schmeckt — fast so ähnlich wie euer Glasreiniger.“

Während er in seinen vierten Hamburger einfällt, sagen Sie: „Jetzt müssen Sie aber auch mal mit zu mir kommen, dann serviere ich Ihnen einen Original Ras Algethi, den mir die Leute damals mitgebracht haben — er wartet immer noch auf einen würdigen Anlaß, um getrunken zu werden." Das stimmmt zwar nicht, aber Sie möchten natürlich gern mit diesem interessanten Mann vor Ihrer Nachbarin renommieren. „Au fein", sagt er, „da haben Sie sicher auch einen dieser Kästen, in die man sich hineinsetzt und durch eine Scheibe herausschaut, und wenn man schlafen möchte, knipst man ihn aus, ja?" Eigentlich eher umgekehrt, wollen Sie noch sagen, aber Sie spüren, daß zu viele Erklärungen nötig wären, denn inzwischen sind Sie ganz auf das Spiel Ihres Wassermanns eingegangen und fühlen sich extraterrestrisch bestrahlt.

Zeichen von Zuneigung

Zu Hause bei sich holen Sie eine Flasche Prädikatswein aus dem Kühlschrank und gießen ein. Er nippt und sagt: „Na, der scheint ja wirklich mal nicht gepanscht zu sein, die Algethiker machen sich." In den Sessel zurückgelehnt, verfolgt er aufmerksam das Programm, und seine beiden Antennen auf dem Helm zittern zeitweise vor Erregung, besonders bei Liebesszenen. „Was ist das", fragt er, „warum will dieser Erdling seiner Gefährtin etwas aus dem Mund nehmen, und weshalb benutzt er dazu nicht die Hände?"

„Oh", sagen Sie, „das ist hier bei uns das Zeichen von Zuneigung. Es führt dann evtl. zu weiterem und dient, ganz global gesprochen, der Erhaltung der Art."

„Ah", er scheint zu begreifen, „Sie meinen, die beiden machen Globsibar. Und man wird wirklich zeigen, wie die beiden sich zum Schluß mit den kleinen Fingern verhaken?"

„Aber nein, wie kommen Sie nur auf so etwas...?"

„Weil dies bei uns zu Hause die Methode ist, wie man die Art erhält. Wenn man dabei dem anderen ganz fest auf die Schuhspitzen schaut, muß man niesen, und 600 Jahre später bekommt man vom Boten des nächsten Supermarktes einen kleinen Nachkommen, allerdings noch in der Schachtel, aber mit ausführlichen Angaben aller Zutaten."

„Bei uns ist das anders", sagen Sie, „wenn Sie's interessiert, werde ich's Ihnen kurz mal zeigen."

„Aber gern", sagt er, und seine Antennen strahlen in leuchtendem Violett, „aber warum kurz, ich habe noch 2000 Jahre Zeit."

Am nächsten Morgen sitzt er Ihnen brav am Frühstückstisch gegenüber. So ohne Helm und Antennen wirkt er fast normal, und auch die Art, wie er das Ei köpft, verrät eine gewisse Übung. „Komisch", sagt er, „wie die Bräuche doch von Stern zu Stern verschieden sind. Aber das hier ist wohl das Witzigste, was ich je erlebt habe. Wir sollten auf jeden Fall in Verbindung bleiben. Hier ist meine Nummer, ruf mich doch in 3000 Jahren mal an."

6
Wie man eine Wassermännin verführt

Bei diesem Mädchen müssen Sie umdenken, am besten radikal. Denn hier ist nicht der direkte Weg gefragt („Wo ist der nächste Hausflur?"), der bei Widder- und Schützedamen häufig zum Erfolg führt. Und auch der Blumenstrauß mit beiliegendem, in Silberpapier eingewickeltem Heiratsantrag, der Krebs- und Fische-Mädchen im Handumdrehen schwach macht, hat wenig Erfolgschancen — die Wassermännin würde entweder hell auflachen oder entsetzt davonlaufen.

Dieses irritierende Geschöpf nämlich vollzieht seine Leidenschaften im Kopf und kombiniert intellektuellen Anspruch mit selbstgestelltem sozialen Auftrag. Deshalb werden Sie die Wassermännin auch selten allein antreffen. Meist ist sie umgeben von einer Vielzahl engagierter Mitstreiter oder auch seelisch und sozial Zerbrochener, denen sie den rechten Weg weist.

Sie müssen sich also energisch vordrängeln und mit feurigem Ton zu ihr sprechen: „Hör mal, ich arbeite an einer Selbsterfahrungsgruppe für ältere Besitzerinnen von neurotischen Zwergschnauzern. Kannst du mir dabei helfen, das wär echt Spitze."

Sofort haben Sie die ungeteilte Aufmerksamkeit des geliebten Wesens. „Wir könnten uns in der alten Ziegelei treffen", sagt sie nach kurzem Überlegen, „mittwochs nach acht, wenn die Frauengruppe, die gegen die Verwendung von Durchschlagpapier bei Tarifverhandlungen kämpft, mit ihrem Arbeitskreis fertig ist."

Unter seelischem Druck

„Du, so lange kann das nicht warten", sagen Sie und ziehen sie etwas zur Seite, „wir müssen ja erst noch überlegen, wie wir die Betroffenen überhaupt dazu bringen, sich zu melden. Die meisten kriegen ja keinen Ton heraus. Überleg doch mal: Ein Lebensgefährte steht unter seelischem Druck, kann vielleicht sein Futter nicht anrühren, ohne die Arie des Radames zu hören, noch dazu nachts. Die müssen wir doch erst mal seelisch aufbrechen. Da sind doch Verkrustungen. Das sind ältere Frauen, meistens ohne Mann, mit Blockierungen. Die meisten können doch keine Bananen einkaufen und leiden an akutem Kalzium-Mangel. Wie sollen wir die anpacken? Das müssen wir erst mal klarmachen."

Im Kopf der Wassermännin haben die Gedanken bereits die Koffer gepackt und sind einsatzbereit. „OK", sagt sie, „laß mich nur machen. ... Was ist?", sie wendet sich einem jungen Mann zu, mit Vollbart und Nickelbrille, „...

nein, Mutlangen ist erst nächste Woche. Und diese Woche ist Buschhaus, nicht Brokdorf. Und Kalkar kannst du streichen, das wird zugemacht, aber schmeiß die Transparente nicht weg, die können wir übermalen ... wie? Na

türlich ist Apartheid länger als Kalkar, dann schreib's in zwei Zeilen ... wie man Apartheid trennt? Wen interessiert das, aber je falscher du's trennst, um so aggressiver wirkt's. Was stört uns die Rechtschreibung, wenn's um Rechte geht ... so", und damit wendet sie sich wieder Ihnen zu, ,,zunächst sollten wir mit den Frauen sprechen, das sind ja unterdrückte Wesen. Ein Leben lang durften sie nur den Zweitwagen fahren, und nun übertragen sie ihre Unsicherheiten auf das Tier. Ja, wenn das Riesenschnauzer wären, dann könnten sie sich wenigstens pauschal für alles am Briefträger rächen."

,,Also via Selbsterfahrung therapieren?"

Die Wassermännin blickt Sie entrüstet an. ,,Wie kommst du auf therapieren. Meinst du etwa, bei den Ängsten dieser Frauen handelt es sich um Krankheiten? Im Gegenteil — das sind Kräfte, die wir gezielt für unser neues Projekt einsetzen können: Demo gegen die Kaltstellung deutscher Autoren durch Nicht-Unterdrückung."

,,Moment, halt, wieso ...!?"

,,Wieso, wieso! Unsere ganzen relevanten Autoren haben doch gar keine Chancen durchzudringen, und warum? Weil sich unser sauberer Staat davor drückt, sie zu verbieten. Dadurch kommen sie doch nicht ins Fernsehen oder in Stern und Spiegel. Sie bleiben auf ihren kleinen Auflagen sitzen, und ihre wichtigen Denkanstöße kommen nicht rüber. Aber das ist natürlich typisch für diese Christlich-Liberalen. Und das lassen wir uns nicht länger bieten."

„Dass'n echter Hammer", räumen Sie voll ehrlicher Überzeugung ein, und um Ihre Liebe zu beweisen, fügen Sie noch an: „Und der Kinderladen in der Birkenwaldstraße muß auch mal wieder frisch gestrichen werden — man kann kaum noch die Parolen lesen, die Kinder werden es als Meinungsterror auffassen."

,,Gut, daß du mich an den Kinderladen erinnerst'', sagt die Wassermännin, und zum ersten Mal hören Sie so etwas wie Wärme in ihrem Ton, ,,ich muß dringend mal mit Kläuschens Mutter reden — der Mann ist ein reiner Psychosadist. Alle Schecks unterschreibt er selbst! Und jeder weiß es — das arme Wurm, alle zeigen mit Fingern auf ihn.''

,,OK, OK'', sagen Sie, ,,aber wollen wir uns nicht um unsere neue Initiative kümmern — schließlich müssen wir die Aussendungen formulieren und Verteilergruppen aufbauen.''

Schlafzimmer als Studio

,,Schön'', sagt sie, ,,gehn wir zu mir, da kannst du auch Roberta kennenlernen. Sie bereitet gerade eine Platte vor mit verbotenen Sinti-Liedern aus dem Dreißigjährigen Krieg und benutzt mein Schlafzimmer als Studio.''

,,Klasse'', antworten Sie, ,,aber besser 'n andermal. Ich hätte das Ganze lieber bei mir abgecheckt. Und außerdem — eigentlich hätt's ja 'ne Überraschung sein wollen — ich hab eine Sammlung mit den wichtigsten Kippen von Daniel Cohn-Bendit aus seiner frühen Zeit, weißt du — Mai-Unruhen in Paris. Die sollen sogar demnächst vom Verfassungsschutz verboten werden.'' Die Augen der Wassermännin leuchten auf, aber Sie fahren fort: ,,Und dann möchte ich dir meine neue Platte vorspielen: das Konzert für drei Trillerpfeifen und Orchester von Alexander Rashbari.'' ,,Au fein'', sagt die Wassermännin, ,,mein Vater war einer der Solisten bei der Uraufführung. Heute ist er Fußballschiedsrichter im Amateurlager — weigert sich, für die Herrschenden in der Bundesliga zu pfeifen, vor allem seit Neuberger den ganzen DFB an Beierlein verschachert hat.“ Und schon sitzen Sie mit ihr in dem herrlichen alten R4 mit den vielen Roststellen und den 217 Aufklebern.

Zu Hause wird sich die intellektuelle Wassermännin zuerst mal über Ihre Bibliothek hermachen, die Sie natürlich rechtzeitig vollgestopft haben mit mehreren Bänden „Materialien zu ...“ Aber weil die Wassermännin grundsätzlich ihrer Zeit voraus ist, spricht sie am liebsten über Bücher, die noch nicht erschienen sind. „Was hältst du“, fragt sie, „vom neuen Buch von Swantje Breitstein-Ehren ‚Der Tod des Filmstars‘? Es erscheint nächsten Monat und zeigt Swantjes neues Männerbild.“

Angebrütete Flüssigei-Nudeln

„Ich finde“, antworten Sie, „Swantje tut damit einen Riesenschritt nach vorn, indem sie schreibt, ein Mann sei nur dann sensibel und als Partner zu akzeptieren, wenn er Angst davor hat, angebrütete Flüssigeinudeln zum Supermarkt zurückzubringen. Und am meisten hat mich überzeugt, in der Liebeshandlung einen Akt der Identitätsfindung zu sehen.“ „Aber das macht sie doch nicht als Gebrauchsanleitung!“ „Natürlich nicht, aber meinst du nicht auch, es würde unsere Beziehung weiter bringen als alle Inhaltsverzeichnisse von Ernst Blochs Werken seit 45?“

„Ich weiß nicht, ob ich eine neue Beziehungskiste haben möchte“, sagte sie, „und wenn, dann jedenfalls nicht aus Sperrholz. Man investiert einfach viel zu viel Radikalität.

DARK
ROOM

Und außerdem wollte ich nach der Sache mit Jochen und Wibke ganz neu mit mir anfangen, verstehst du? Und ich bin gewalttätig in einer Beziehung, vor allem gegen mich selbst."

„Können wir das nicht im Zweierkollektiv aufarbeiten?" sagen Sie, „bei einer Studienfahrt in die Provençe? Ich sehe uns schon unter Olivenbäumen sitzen, Melone löffeln — bitte versteh mich ..."

„Aber laß uns auf gar keinen Fall Ton und Töpfer sein!", sagt sie und zieht den Pullover über den Kopf. Vertikale Zöpfchenmuster sind aber ganz schön konterrevolutionär, denken Sie gerade noch, und dann schlägt eine warme Woge scheißliberaler Bürgerlichkeit über Ihnen zusammen.

Zwei Diskussionen gleichzeitig

Wenn es nach den Astrologen geht, so passen besonders die Zwillinge gut zur Wassermännin, was sich auch in der Praxis immer wieder bestätigt, da diese beiden der geistigen Kapazität dieser Frau voll gerecht werden und sie mit ihnen zwei Diskussionen gleichzeitig führen kann, indem sie mit dem einen über die Neue Frau und mit dem anderen über alte Möbel redet. Auch die Waage gilt als günstige Verbindung, denn dieser charmante Mann findet schnell den richtigen Ton, indem er sie nicht Wassermännin nennt, sondern mit „Wasserfrau" anspricht und aufgrund seines guten Geschmacks den besten Jasmintee weit und breit besorgen kann.

Widder sind nur partiell gute Ergänzungen, dann aber können sie den Kopf der Wassermännin, der bekanntlich ihr Herz enthält, vorübergehend komplett für sich gewinnen. Denn bei allen Demos ist der Widder mit Begeisterung vorn dran und prügelt sich mit Leidenschaft — wenn auch die Wassermännin mitunter korrigierend eingreifen muß, weil vielleicht der Widder, vom Kampfgetümmel hingerissen, auf Jochen einschlägt statt auf den Polizisten und Autos mit Steinen bewirft, die eigentlich den Gruppenmitgliedern gehören. Auch Schützen sind als Partner ambivalent — zwar sind sie meist als Diskussionspartner voll auf dem Thema, aber dann erwähnen sie aus heiterem Himmel den „tollen Artikel über den G-Punkt in Cosmopolitan“ oder sagen „ja, auch in Brigitte stand kürzlich...“, und schon tun sich Abgründe auf. Sieht man aber mal von diesen möglichen Fehlleistungen ab, dann sind auch die Dezembergeborenen für die Wassermännin gar nicht so übel. Doch gerade bei ihnen besteht die Gefahr, daß sie in letzter Sekunde alles kaputtmachen, indem sie Romantisches ins Ohr flüstern, wo eigentlich ein gehauchter Protest gegen die Abschaffung der Mengenlehre angebracht wäre — und schon ist beiden der Abend gründlich verdorben.

7
Wie man einen Wassermann verführt

Man sagt einfach: „Wie wär's, kommst du heute mal mit zu mir?"

8 Unschedlichs Meinung über die Wassermänner

Wie immer, wenn wir mehr über unser aktuelles Tierkreiszeichen wissen wollen, schieben wir die vielen Stapel an Fachliteratur zur Seite und machen uns auf den Weg zu Joseph-Joachim („Jojo") Unschedlich, der zweifellos zu den bedeutendsten Astrologen der Gegenwart gehört. So war Unschedlich lange Zeit der Lieblingsastrologe der Hollywood-Stars gewesen und hat manchem prophezeit, wenn er so weitermache wie bisher, werde er mal ein ganz schönes Bläschen an die Oberlippe kriegen.

Unschedlichs größte Leistung in jüngerer Zeit war, Saturn und Mars wegen einer irreführenden, ungünstigen Konstellation anzugehen, und zwar erfolgreich. Unschedlich hatte nämlich aufgrund dieser Konstellation einem Klienten abgeraten, in der Lotterie zu spielen. Der Klient spielte dennoch und gewann eine Million, worauf er Unschedlich Vorwürfe wegen Unzuverlässigkeit machte.

Der Astrologe verteidigte sich, indem er völlig zu Recht darauf hinwies, daß er sich die ganze Sternguckerei sparen könne, wenn seine Kunden sich nicht nach seinen Empfehlungen richteten. ,,Ich muß Ihre heimliche Tipperei“, fuhr er in scharfem Ton den frischgebackenen Millionär an, ,,als eine infame Falle sehen, die Sie einem Astrologen stellen, der sein Handwerk jahrzehntelang in Ehrbarkeit ausgeübt hat und weltweit einen hervorragenden Ruf genießt. Sie haben mich reinlegen wollen, und das ist Ihnen auch wunderbar gelungen, Glückwunsch! Hätten Sie nach meiner Voraussage gehandelt, so hätten Sie nicht gespielt und wären mir dankbar gewesen, keinen Einsatz verloren zu haben, und die Welt wäre in Ordnung. Im Grunde gehört Ihnen das Geld gar nicht, denn Sie haben gegen den ausdrücklichen Wunsch der Gestirne gehandelt. So sieht's aus!“

Obwohl es Unschedlich damit gelungen war, in seinem Klienten ein schlechtes Gewissen zu erzeugen, zog er anschließend sofort Mars und Saturn zur Verantwortung und verlangte Rechenschaft. Beide Planeten sahen ihren Fehler auch ein und beteuerten, so etwas würde nicht wieder vorkommen, da sie einen so guten Kunden wie Unschedlich nicht verlieren wollten. Damit war für alle Parteien die Sache erledigt. Immerhin, so die Presse, war dies das erste Mal, daß sich bedeutende Planeten für eine unrichtige Konstellation entschuldigten. ,,Ist damit“, so das

Blatt weiter, „eine neue Ära in der Astrologie eingeläutet? Und wenn ja: Was sagen die Versicherungen dazu, wie verhält sich der Justizminister, kann man die Lottogesellschaften regresspflichtig machen und wird es den Grünen zusätzliche Wählerstimmen bringen?"

Doch dieses Thema interessierte uns bei unserem Besuch nicht, vielmehr kamen wir sofort zur Sache: *„Was halten Sie vom Wassermann, verehrter Meister?"*

Er blickte etwas irritiert. „Nun ja", meinte er hüstelnd, „ich habe mir bei meinem Weggang von Hollywood einen machen lassen, und der war Gottseidank negativ." Er blickte sich ängstlich um und fragte: „Ist meine Frau in der Nähe?"

Wir konnten abwiegeln: *„Nein, Meister, nicht dieser. Uns geht es um das Tierkreiszeichen."*

„Ach so!" Er schien sichtlich erleichtert. „Das ist natürlich etwas ganz anderes. Nun, der Wassermann ist ein festes Luftzeichen, d. h. er ist im Grunde gar nicht da, dies aber zuverlässig."

„Woran erkennt man den Wassermann?"

„Ganz einfach: Wassermänner haben alle etwas Ätherisches an sich. Wir Astrologen sagen: durchscheinend. Bei manchem sehen Sie also nur die Konturen, und auch die nur, wenn er vor einer dunklen Wand steht. Normalerweise aber sehen Sie den Wassermann gar nicht. Sagen wir so: Wenn Sie einen Menschen sehen, den Sie kaum sehen, dann handelt es sich um einen Wassermann. Sehen Sie ihn gar nicht, dann ist es ein besonders typischer."

„Er hat etwas von einem gläsernen Abgeordneten?"

„Nicht ganz. Beim gläsernen Abgeordneten sehen Sie immer noch ein Bündel Scheine, beim Wassermann hingegen sehen Sie noch nicht mal das, denn Wassermänner nutzen den Giroservice ihrer Bank."

„Man kann sie also als modern bezeichnen?"

„Modern? Daß ich nicht lache. Die meisten Wassermänner befinden sich jetzt schon im Jahr 2000 und darüber. Die, die gerade erst im Jahr 1990 leben, gehören zur konservativen Gruppe und zählen kaum, weil sie nahezu atypisch sind. Deshalb sieht man ja auch so wenig Wassermänner, bzw. deshalb sind sie ja auch so durchscheinend. Und die, die Sie jetzt sehen, sind eigentlich alle schon wesentlich älter. Das ist ein bißchen so wie beispielsweise beim Sirius — das Licht von dort ist schon vor Jahren abgegangen. Den Sirius, wie er jetzt ist, den sehen Sie gar nicht. Nicht ganz einfach also, mit diesen Leuten. Sie sind originell und hassen ausgetretene Pfade."

„Wie äußert sich das in der Praxis?"

„Das kann ich Ihnen sagen. Ein Bekannter von mir, Wassermann seit frühester Jugend, geht morgens niemals über die Straße zum Büro, sondern benutzt dazu die Häuser. Er klingelt, geht durch die Wohnung, steigt aus dem Fenster, springt aufs Nebenhaus, geht über Balkone, benutzt die Regenrinne, läuft über fremde Flure und nimmt auch schon mal ein Stück Weg übers Dach. Umständlich, werden Sie vielleicht sagen — ich sag's auch —, aber der Mann meint, das sei viel interessanter. Man lernt Leute kennen, sagt er, wird mitunter zu einem Kaffee eingeladen, den man im Stehen zu sich nimmt, und so manches einsame Frauenherz soll ihm auch schon entgegengeschlagen haben. Wenn er nicht jeden Morgen auf dem Weg zum Büro wenigstens einen neuen Erdteil entdecke, behauptet er, wäre für ihn der Tag verloren."

„Äußert sich dieser Hang zur Abwechslung auch beruflich, ist er da auch so ??????"

„Leider ja, muß man schon sagen, denn hier ist die ewige Jagd nach Neuem oft dem echten Fortkommen im Wege. Wir wissen, daß der Wassermann sich schnell langweilt und daß ihn alles Unbekannte interessiert. Kürzlich konnte man in unserer Fachzeitschrift ein gutes Beispiel dafür lesen: Ein Wassermann stößt auf das Wort Phrenologie. Sofort ist er davon fasziniert, er liest alles darüber, was er kriegen kann, belegt es als Studienfach, glänzt durch eine außergewöhnlich neue Sicht der Dinge und macht ein paar wichtige Entdeckungen. Sein Buch über Phrenologie wird zum Standardwerk, und er bekommt den Georg-Büchner-Preis und einen Anschnitt vom Doktortitel. Aber was soll man sagen: Von da an interessierte er sich kaum noch für sein Thema, und als man ihn fragt, ob er denn nun wisse, was Phrenologie sei, antwortet er zerstreut: ‚Eigentlich nicht', und wenn er es wirklich mal gewußt habe, dann habe er es vergessen. ‚Schauen Sie einfach im Lexikon nach!' sagte er, ‚da steht's mit Sicherheit.' Typisch. Inzwischen beschäftigt er sich mit Bilharziose — auch ein Wort, das ihm gut gefallen hat — und arbeitet als Tropenarzt auf den

Philippinen. Aber wenn er wieder zurückkommt und Sie ihn fragen, wird er wieder so gut wie keine Ahnung haben, wetten?"

„Wie ist der Wassermann privat, ich meine, in seiner Familie?"

»Was tun Sie denn hier?«

„Da kann es Probleme geben. Der Wassermann ist eher distanziert, fast kühl, und viele haben in seiner unmittelbaren Nähe das Bedürfnis, ihren Mantel anzuziehen. Er ist ein Individualist, das Kollektiv schreckt ihn eher ab. Er braucht seine Einsamkeit. Viele Wassermänner haben deshalb innerhalb ihrer Wohnung ihr eigenes Reich, das sie nur selten verlassen. So passiert es immer wieder, daß ein Wassermann auf dem Flur seiner Frau begegnet und sie mit den Worten: Was tun Sie denn hier? begrüßt. So etwas kränkt Frauen, und sie antwortet vielleicht: Ich bin die, zu der du mal gesagt hast, du würdest sie lieben wie sonst nichts auf der Welt! Darauf antwortet der Wassermann: Nun, dann müßten Sie Mathilde heißen, doch das erklärt noch nicht Ihr Hiersein.... usw. Sie können sich denken, daß dies zu Verärgerung führt. Auch sein Verhältnis zu seinen Kindern ist etwas eigenartig. ‚In meinem Zimmer laufen drei kleine Menschen herum', hörte ich kürzlich einen Wassermann sagen, ‚was hat es damit auf sich?' Immerhin, da er den Lebensraum seiner Familie kaum tangiert, kommt es auch so gut wie nie zu Streit. Viele Familien hätten deshalb gern einen Wassermann als Mann und Vater — der läßt sie in Ruhe und belästigt sie nicht fortwährend, wie dies andere Sternzeichen tun."

,,Aus alledem darf man schließen, daß der Wassermann auch auf künstlerischem Gebiet für Überraschungen gut ist?"

,,Unbedingt. Und das schöne ist, daß er hier gern das Künstlerisch-Abstrakte mit dem Praktisch-Konkreten verbindet. Als Maler z. B. fertigt er von Ihnen ein Portrait an, das im Guggenheim-Museum hängen kann, das Sie aber auch, zigmal herunter verkleinert, als Paßbild für Ihren Führerschein verwenden können. Oder er erklärt als Objektkünstler ein Stück Straße zum geistigen Botschaftsgelände — und hat dadurch immer einen freien Parkplatz. Und wenn er sich mit Plastiken beschäftigt, so sieht er zumindest vor, daß man sie beispielsweise als Getränkeautomat verwenden kann oder als Halteschild."

,,Herr Unschedlich, wir danken Ihnen für dieses Gespräch."

,,Keine Ursache. Übrigens: Hier, gleich schräg gegenüber, ist so ein Wassermann-Kunstwerk — ein Zigaretten-Automat. Sieht aus wie ein Zigaretten-Automat und funktioniert auch so. Nur: Die Packung kostet um die hundert Mark, weil künstlerisch wertvoll."

9
Der Tag eines Wassermanns

Als ich erwache, flutet ein Sturzbach gelben Sonnenlichts ins Zimmer. Kühle liegt in der Luft, und als ich ans Fenster trete, spüre ich den scharfrandigen Frost früher Herbsttage. Kein Zweifel, es wird nicht mehr lange dauern, und die Zugvögel, diese fröhlichen, buntgefiederten Gäste aus dem Süden, werden sich im weiten Himmelsblau verlieren und mit weitausholendem Flügelschlag dem Äquator zueilen, um sich auf einem seiner ausladenden Zweige niederzulassen. Bald werden die Bäume, ihres Blattwerks beraubt, die schwarzglänzenden Stämme mit anklagender Gebärde dem Himmel entgegenhalten.

Das alles ist höchst erstaunlich, denn wir haben Anfang Mai. Aber immer schon habe ich mir gewünscht, der Lauf des Jahres möge eine andere Richtung nehmen — einmal nur: nach dem Frühling der Herbst, danach zweimal Sommer, und der Winter fällt einfach aus.

Im Wohnzimmer ist meine gute Mutter, mit Rollen auf dem Kopf, damit beschäftigt, ein Brötchen mit einer Art von flüssigem Bernstein zu bestreichen. Daneben steht eine Tasse mit schwarzer Flüssigkeit.

,,Was soll das, Mutter?" frage ich interessiert.

,,Ich bin Martha", sagt Mutter in ihrer freundlichen Art, ,,in Lockenwicklern, das da ist dein Honigbrötchen, und das andere ist Kaffee. Ich erklär' dir das jeden Morgen."

Freiheiten im Motorradfahren

,,Stimmt, jetzt erinnere ich mich — du bist gar nicht Mutter, hab ich recht?"

,,Jawohl, ich bin deine Frau. Deine Mutter ist Ende 60 und lebt in Wernigerode. Du selbst bist am 29. Januar 46 geworden — was solltest du in diesem Alter noch bei deiner Mutter!"

Ich nehme diese Belehrung widerspruchslos hin — in Nebensächlichkeiten lasse ich mich gern beraten, damit ich mich auf das Wesentliche konzentrieren kann. So zum Beispiel, wenn es um meine Harley-Davidson geht. Seit Jahren will Martha, daß ich einen Wagen kaufe. Die Wochenend- und Urlaubsfahrten würden sie noch ganz krank machen, aber in diesem Punkt bin ich unnachgiebig. Auch jetzt, als ich in meine Ledermontur steige, muß ich mir wieder Vorwürfe anhören — die Freiheit, die im Motorradfahren liegt, will sie nicht begreifen. Auch nicht, daß man immer einen Parkplatz bekommt.

Etwas schwerfällig — zugegeben — bewege ich mich über die Straße zu meiner Maschine. Ein Polizist steht daneben und bemüht sich, mißtrauisch auszusehen. ,,Ist das Ding überhaupt noch fahrtüchtig?" meint er und denkt wohl schon ans einträgliche Aufschreiben.

,,Dieses Ding", antworte ich, kalt wie ein Quadratkilometer Grönland, ,,ist zwar Baujahr 53, war aber dreimal in Daytona und wurde erst kürzlich von mir komplett durchgecheckt." Damit trete ich auf den Kickstarter und rausche mit annähernd 30 davon.

Während ich geschickt meinen Weg durch die langsam fahrende Autokolonne nehme, wird mir wieder mal schmerzhaft klar, wie sehr ich es hasse, mit dem Strom der Masse zu schwimmen, und prompt, fast automatisch, nehme ich die nächste Einbahnstraße in Gegenrichtung. Dieses Verhalten ist nicht neu an mir. Ich erinnere mich, daß ich vor Jahren die Strecke Rosenheim-München nur als Geisterfahrer zurückgelegt habe.

Es war eine reizvolle Zeit, so voller Abenteuer. Aber als ich dann vom Verkehrsministerium eine offizielle Genehmigung dafür bekam, machte mir das Ganze keinen Spaß mehr. Seither war ich auch nicht mehr in Rosenheim.

Als ich bei der Firma ankomme — ich habe mir einen Platz auf dem Hof erkämpft, seit mir mal ein schnauzbärtiger Anatolier die Maschine klauen wollte und sich darauf herausredete, er habe sie für Sperrmüll gehalten —, ist es kurz vor acht. Da ich mich an regelmäßige Bürozeiten einfach nicht gewöhnen kann, warte ich noch zehn Minuten, um dann allein und aufmerksamkeitsstark an meinen Schreibtisch zu stapfen.

,,Ich beneide Sie ja nicht'', sagt Korfs Sekretärin, deren Namen ich nicht behalten kann, aber die so ähnlich wie Reinhild Faltermeyer heißt oder auch Friederike Pfeil und die meistens in einer Stimmung ist, die sie ‚naturtrüb' nennt, ,,wenn jetzt bald wieder Schnee fällt, und dann auf diesen zwei Rädern.''

,,Es wird so schnell kein Schnee fallen'', antworte ich, fast so kühl wie vorhin dem Polizisten, ,,denn wir haben Mai, der Sommer liegt vor uns, und ich freue mich auf die langen Wochenendfahrten über einsame Landstraßen durch unser schönes Land.''

Extreme Aktivität

,,Wenn Sie sich da nur mal nicht geschnitten haben'', gibt sie zurück, ,,wir haben Ende September, und es ist morgens schon ganz schön kühl.''

Tatsächlich — der Kalender gibt ihr recht. Also war mein Eindruck heute früh genau richtig. Als erstes nehme ich mir den Brief an Scholpp vor. Er liegt schon seit einiger Zeit hier, aber ich bin ein Typ, der bekannt dafür ist, die Arbeit mitunter wochenlang vor sich herzuschieben und scheinbar zu träumen, während indes der Geist sich in extremer Aktivität befindet, um dann auf einen Schlag alles Aufgelaufene förmlich vom Tisch zu fegen. Also: Der Brief ist fällig.

Worum geht es? Scholpp hat drei Eisenbahnwaggons mit Schrauben von 12 Zoll bestellt, versehentlich aber 30 Waggons mit Schrauben von 0,12 Zoll bekommen. Mathematisch geht das völlig in Ordnung, aber Scholpp schreibt, er könne damit nichts anfangen. Allerdings: Allein die Frachtkosten des Umtauschs würden uns an den Rand des Bankrotts bringen.

Das Thema Sauberkeit

Vorsichtig beginne ich den Brief mit „Sehr geehrte Damen und Herren", doch dann reißt mir seltsamerweise der Faden. Um die Zeit des Nachdenkens produktiv zu nutzen, beschäftige ich zwar den größeren Teil meines Gehirns mit dem Scholpp-Problem, schreibe aber nebenbei fünf weitere Briefe mit einfacheren Inhalten. Leider kann ich anschließend vier davon nicht gebrauchen und muß sie zerknüllt wegwerfen. Dreimal treffe ich am Papierkorb vorbei — ein Problem, das mich schon lange beschäftigt.

Doch jetzt fällt mir blitzartig die Lösung ein: Man müßte neben den eigentlichen Papierkorb einen zweiten stellen — etwas kleiner natürlich, um seine Funktion als Reservekorb zu unterstreichen. Dort würde all das hineinfallen, was am eigentlichen Korb vorbeifliegt. Natürlich nicht alles — einiges würde immer noch auf dem Boden landen. Vielleicht sollte man mehrere Körbe zu einer Batterie zusammenschließen oder — hoppla! das ist's — das ganze Büro als einen riesigen Papierkorb ansehen, mit ein paar Schreibtischen drin. So würde jedes Papier, das herunterfällt, ganz automatisch im Papierkorb landen — abends dreht man dann nur das ganze Zimmer um, und das Thema Sauberkeit ist abgehakt. Ich reiße sofort den Scholpp-Brief erneut aus der Maschine und formuliere diese Idee für die Abteilung Innerbetriebliches Vorschlagswesen.

Während ich noch diese Notiz formuliere (vielleicht sollte ich mir den Einfall von der Papierkorb-Industrie abkaufen lassen!), fällt mir die Lösung für Scholpp ein. Sofort nehme ich den halbformulierten Vorschlag aus der Maschine und werfe ihn prompt neben den Papierkorb. Dann beginne ich erneut mit dem Brief und lasse ihn wieder mit „Sehr geehrte Damen und Herren“ anfangen, da sich hieran nichts geändert hat. Unverblümt mache ich Scholpp den Vorschlag, seine Produktion von Baggern einzustellen und auf Armbanduhren umzusteigen. Ich analysiere seinen Markt und komme zu dem Ergebnis, daß Baumaschinen kaum noch Chancen haben — nicht nur heute, sondern erst recht in der Zukunft: In 200 Jahren werden wir alle im Weltraum wohnen, was will er dann mit Baggern! Aber: Bei immer mehr Freizeit brauchen die Leute immer mehr Uhren, um zu ihren Reit-, Tennis-, Surf- und Jogging-Stunden nicht zu spät zu kommen. Außerdem könnte er dann seine Produktions- und Lagerhallen gravierend verkleinern, denn der Platz eines einzigen Baggers reicht für 80 000 Armbanduhren.

Bessere Bilanzen

Das freiwerdende Gelände kann er verkaufen — bei den heutigen Bodenpreisen mit gutem Gewinn — und bessert dadurch zugleich seine Bilanz auf, von der man ohnehin nichts Gutes sagt. Auf diese Weise kann er die kleinen Schrauben verwenden und braucht die großen nicht zu zahlen, was ihm eigentlich gefallen müßte. Allerdings müßte er dann noch 30 weitere Waggons mit ?????. Wir stellen anheim. Mit freundlichen Grüßen.

Das Ganze lasse ich gleich Korfs Sekretärin per FS durchgeben.

Es ist jetzt nach zwei, also habe ich die Mittagspause mal wieder durchgearbeitet, aber feste Bürozeiten sind mir sowieso ein Greuel.

Ich gehe jetzt in die Kantine, die natürlich geschlossen ist, weil sich kein Mensch auf meinen unkonventionellen Arbeitsrhythmus einstellen kann, und ziehe mir am Automaten ein Stück Obsttorte und eine Cola. (Rodenwald vom Export, der sich gerade Zigaretten holt, bewundert mal wieder die Kühnheit meiner Menü-Zusammenstellung und will es gleich weitersagen.) Danach gehe ich nachdenklich an meinen Schreibtisch zurück. Wie üblich hat man meine Abwesenheit dazu genutzt, um mir neue Berge an schwierigen Arbeiten draufzutun, und ich arbeite mich flott von oben nach unten. Als ich fast fertig bin, sehe ich, daß ich mich im Stockwerk geirrt habe und an einem falschen Schreibtisch sitze. Ich merke das an dem Mädchen drei Tische weiter, das tatsächlich Reinhild Faltermeyer heißt und nicht Korfs Sekretärin ist. Außerdem gefällt sie mir besser, und ich fragte mich die ganze Zeit, wo ich bislang nur meine Augen gehabt habe.

Immer neue Ideen

Nun gut, es ist nie schlecht, wenn man auch mal andere Aufgabengebiete kennenlernt, und da sich der eigentliche Inhaber des Schreibtischs in Urlaub befindet, kann ich zusätzlich noch das schöne Gefühl genießen, einem Kollegen geholfen zu haben. Ich muß zwar, als ich meinen Irrtum feststelle, sämtliche Briefe ein wenig korrigieren, indem ich überall ,,Schrauben" durchstreiche und ,,Mutter" drübersetze, aber das sind Details.

Als ich wieder an meinem richtigen Schreibtisch bin (diesmal habe ich aufs Stockwerk geachtet), liegt bereits das Antwort-FS von Scholpp vor. Er schreibt, daß er meine Idee großartig findet — gerade kürzlich erst habe er seine Armbanduhr im häuslichen Swimming-Pool ruiniert, und wenn er nun selbst welche herstelle, komme ihn eine neue natürlich bedeutend billiger. Sollten nur 5 Millionen Menschen, so schreibt er, ihre Uhr auch im Swimming-Pool kaputtmachen, so wäre das ein prima Marktpotential, mit dem man schon mal verläßlich planen könne. Außerdem habe ihm der Arzt sowieso verboten, weiterhin so schwer zu heben, und da seien natürlich Armbanduhren eine hervorragende Alternative.

Hochzufrieden — es ist fünf vor fünf, aber ich hasse regelmäßige Arbeitszeiten — werfe ich mich in meine Montur, und als ich die Treppen runtergehe, überlege ich, daß es eigentlich wieder mal Zeit für einen Wechsel wäre. Vielleicht lasse ich mich in die Muttern-Abteilung versetzen. Schon wegen Friederike Pfeil oder wie sie heißt. Wirklich ein hübscher Anblick — aber, frage ich mich mißtrauisch, werde ich dann nicht zu Hause noch mehr an meine Mutter denken und Martha immer wieder falsch einordnen, wenn ich auch im Büro den ganzen Tag damit zu tun habe?

10
Einiges über berühmte Wassermänner

Der überquellende Ideenreichtum des Wassermanns hat natürlich zur Folge, daß eine ganze Reihe bedeutender Menschen in diesem Zeichen geboren wurden und unsere Geschichtsbücher füllen. Und immer wieder ist es das Originelle und Facettenreiche dieser Personen, das uns auffällt und in Bann schlägt.

Ein sehr bedeutender Wassermann, der alle hervorragenden, aber auch gefährlichen Eigenheiten dieses Zeichens in sich vereinte, war Friedrich der Große. Seine Biografie ist wirklich atemberaubend und typisch wassermännisch. Er begann, wie man weiß, als Flötenspieler und brachte es schnell zum überzeugenden Virtuosen, der dem bekannten Musiker Quantz scharfe Konkurrenz machte. Aber noch ehe er auf der musikalischen Erfolgsleiter ganz oben war — Plattenaufnahmen und eine Tournee mit Karajan standen bereits auf dem Programm —, geriet er in schlechte Gesellschaft, sprach nur französisch und sank immer tiefer. Zuletzt wurde er König.

Doch auch hier stand ihm wieder sein unstetes Naturell im Wege: Statt ein ruhiger König zu werden, der seine Apanage verzehrte, spielte er hemmungslos Karten und verlor noch und noch. Eines Tages war er so blank, daß er sich eigentlich mit dem Hut in der Hand auf die Hauptstraße von Potsdam hätte setzen müssen, doch General Ziethen, mit dem er spielte, gab ihm noch mal eine Chance. „Wenn du gewinnst, Fritz", sagte er, „sind dir deine Schulden erlassen. Verlierst du aber, mußt du Krieg anfangen." Nun ja, was tut man nicht alles in so einer Situation: Friedrich baute auf sein Glück und verlor — der Krieg war fällig. Daß er sieben Jahre dauern sollte, konnte keiner wissen. Später, als alles schon verloren schien und Friedrich sich am letzten Lagerfeuer in Bunzelwitz die Finger wärmte, soll er gesagt haben: „Hätte ich damals lieber gepaßt — bei den Karten, die ich hatte."

Aber auch als der Krieg, der tatsächlich noch gewonnen wurde, vorbei war, gab Friedrich keine Ruhe. Denn nun hatte er plötzlich am König-Spielen kein Interesse mehr

und wandte sich der Philosophie zu. Dies gipfelte darin, daß er sich eine andere Perücke aufsetzte, nur noch französisch sprach und überall behauptete, er sei ein französischer Philosoph namens Voltaire, und der König habe ihn eingeladen. Nächtelang hörte man ihn mit sich selbst diskutieren, wobei er immer als Sieger hervorging. Doch es gelang ihm, sich als Voltaire so unmöglich zu benehmen, daß er sich selbst über die preußischen Grenzen warf.

Anschließend interessierte er sich für die Juristerei und wurde Rat am Kammergericht, wo er den Prozeß gegen den Müller führte, um dann als König sein eigenes Urteil zu widerrufen. „Und das in meinem Namen!" soll er wütend ausgerufen haben, als er das Urteil las, das er eigenhändig als Richter unterschrieben hatte. Gerechtigkeit und Diktatorisches steckten also in diesem Wassermann, der sich später zurückzog und unter dem Namen Friedrich Freiherr von der Trenck freiwillig in den Kerker ging, um nur noch seinen Erinnerungen zu leben. Doch auch da hielt er es nicht lange aus — er floh, um wenig später während der Französischen Revolution in Paris aufzutauchen, wo sich seine Spur endgültig verliert.

Friedrich ist heute vielen Angriffen ausgesetzt, denn sämtliche jungen deutschen Historiker halten es für ihre Pflicht, diese schillernde Figur für ein großes Unglück zu halten und ihn, zusammen mit Bismarck, in den Orkus zu schicken, während sie im Gegenzug Nero, Richard III. und Ludwig XV. zu verkannten Figuren erklären und sie posthum zu bedeutenden Herrschern machen, die angeblich viel für ihr Land getan haben.

Natürlich: Zum Beispiel unter dem stabilen Zeichen des Stiers geboren, wäre Friedrich eine weniger abenteuerliche Natur geworden, hätte sich statt dessen seinem Flötenspiel gewidmet, wäre in Salzburg aufgetreten und sicher vielfacher Plattenmillionär geworden.

Abstammung vom Affen

Ein anderer bedeutender Wassermann war Charles Darwin. Darwin war ein aufbrausender Charakter, der manchmal Dinge sagte, die er hinterher bereute. So nannte er einmal einen Vorgesetzten während einer Auseinandersetzung: Blöder Affe! Der Mann verklagte Darwin, und dessen Sache stand schlecht. Doch Darwin war ein diamantharter Wassermann, der niemals nachgab, und so bat er sich vom Gerichtsvorsitzenden eine Prozeßvertagung aus, und zwar für die Dauer von vier Jahren. ,,Ich werde in dieser Zeit beweisen, daß ich mit meiner Behauptung recht hatte", sagte er und unternahm seine berühmte Reise nach Südamerika. Dort fand er tatsächlich Beweise für seine Behauptung — allerdings nicht ganz in der Art, wie er es erhofft hatte. Darwin wollte nämlich nur erhärten, daß der von ihm Gescholtene vom Affen abstammte, mußte

aber feststellen, daß dies für die ganze Menschheit und mithin auch für ihn zutraf. Einen Rückzieher aber konnte er sich nicht mehr leisten, und so unterbreitete er seine Forschungsergebnisse dem Gericht. Dieses empfahl einen Vergleich, da der andere glaubhaft argumentieren konnte, daß die Geschichte mit dem Affen viel zuweit zurücklag, um heute noch im Streitfall verwendet werden zu dürfen — immerhin! Darwin durfte als freier Mann Old Bailey verlassen und erfuhr aus den Schlagzeilen der Zeitungen, daß ihn die Welt inzwischen als bedeutenden Gelehrten feierte.

Auf den Tisch hauen!

Nehmen wir zum Schluß als drittes Beispiel für den Wassermann Wilhelm II. Ach, dieser nun war leider keine Zierde für dieses attraktive Sternzeichen! Seine Eltern wollten ihn eigentlich Elektriker werden lassen, aber dann starb sein Vater, und er wurde Kaiser. Sein Verhängnis (und das der Deutschen) war, daß er immer glaubte, er „spiele" nur den Kaiser. Deshalb hielt er Bismarck für einen netten alten Onkel, der sich an stillen Winterabenden dazu hergab, mit ihm „Außenpolitik" zu spielen. „Sag nicht immer solche Worte wie Rückversicherungsvertrag", soll er mal unmutig geäußert haben, „sonst muß ich dich entlassen. Vergiß nicht, ich bin der Kaiser, du bist nur mein Kanzler." Schließlich kam es auch zur Entlassung, denn Bismarck verwendete das Wort immer wieder, und Wilhelm machte seine Drohung wahr, denn auf den Tisch hauen — das gefiel ihm. Und weil seine Tante die Königin von England war, dachte er, das Spiel ginge immer so weiter — wer hat schon eine Königin zur Tante! Besonders gern spielte er mit dem Kaiser Franz Joseph, weil der so einen netten Dialekt sprach. ,,Der kann ja gar kein echter Kaiser sein", meinte er, ,,so wie der ,Ah, gehn S' ' sagt." Denn Wilhelm lebte in der Vorstellung, ein richtiger Kaiser müßte aussehen und reden wie Hagen von Tronje in den Deutschen Heldensagen. Also nahm er auch das ganze Ultimatum an Serbien durch die Österreicher nicht ernst. ,,Serbien ist ein hübscher Name", soll er damals gesagt haben, ,,schade, daß es dieses Land nicht gibt!" Na ja, der Rest ist bekannt, und Wilhelm sagte später immer wieder, das hätte er nicht gedacht, daß die Leute plötzlich alles so ernst nähmen.

Jedenfalls: Man darf ihn ein rechtes Unglück nennen, und eine Äußerung seiner Mutter ist verbürgt, die mal gesagt hat: ,,Das hätte vielleicht eine Katastrophe gegeben, wenn Wilhelm Elektriker geworden wäre. Nicht auszudenken!"

Wie man sieht: Nirgendwo liegen hell und dunkel so dicht beieinander wie bei den Wassermännern.

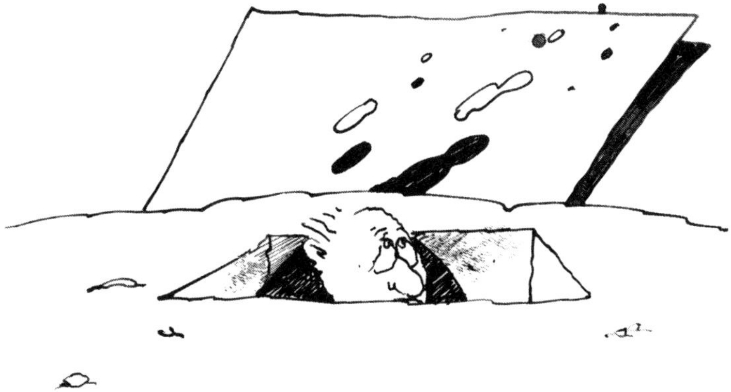

H2O
22%

11
Der Ausnahme-Wassermann

Ich hatte ihn zunächst gar nicht bemerkt, obwohl er schon eine ganze Weile neben mir sitzen mußte — einen Barhocker weiter. Ich war mit dem Wirt in ein Gespräch über die Bonner Spionage-Affären vertieft gewesen, und dieser hatte mir erklärt, ein paar der Beteiligten seien auch seine Gäste. ,,Dahinten", er wies in eine Ecke, ,,dort ist ihr Stammtisch. Jeden Donnerstag treffen sie sich und sprechen von zu Hause. Von Ost-Berlin, Karl-Marx-Stadt, Dresden und wo sie alle herkommen. Mitunter ist auch einer von unserer Abwehr dabei, der sie tröstet und auch mal 'ne Runde ausgibt. Kommt, sagte er kürzlich noch, weint nicht. Demnächst entdecke ich euch, ihr werdet eingelocht und nach ein paar Jährchen ausgetauscht — und schon seid ihr wieder daheim! Ja, auch mir tun die Jungs von drüben leid — still und unbemerkt tun sie hier ihre Arbeit, und kaum einer kümmert sich um sie."

So sprach der Wirt und wandte sich wieder seinen Gläsern zu, als eine Stimme neben mir sagte: ,,Sehen Sie, so geht es mir immer — ich sitze unbemerkt dabei, niemand nimmt mich zur Kenntnis, keiner spricht mich an, und mir selbst fällt auch keine geistvolle Bemerkung ein, um in ein Gespräch zu kommen. Das ist mein Schicksal, seit ich denken kann.''

,,Nun ja'', sagte ich, ,,vielen geht es so. Auch ich habe schon ganze Abende lang rumgesessen, ohne daß drei Blondinen über mich hergefallen sind. Es gibt so Tage.''

Eine vergessliche Krankenschwester

,,Nein, nein'', widersprach er, ,,bei mir ist das besonders schlimm. Denn erstens geht es mir nicht manchmal so, sondern immer. Und zweitens dürfte mir das eigentlich niemals passieren, denn ich wurde an einem 5. Februar geboren und bin also Wassermann. Ich müßte mich durch Originalität und geistreiche Bemerkungen auszeichnen, müßte Witz versprühen und bedeutende Entdeckungen machen. Ich müßte im Fernsehen auftreten, von der Zeitung interviewt werden, und alle müßten hinter mir hertuscheln. Denn das ist, wie man mir versichert, alles typisch Wassermann. Aber leider: Es ist nicht typisch für mich. Das genaue Gegenteil trifft zu. Das fing schon im Krankenhaus an — immerzu vergaß die Schwester, mich meiner Mutter an die Brust zu legen! Zuerst behauptete sie, im Saal sei keiner mehr, dann verstieg sie sich zu der Behauptung, meine Mutter hätte überhaupt kein Kind gekriegt — man muß sich das mal vorstellen: einer glücklichen Mutter das Kind absprechen! Hätte meine Mutter nicht so sehr auf meiner Existenz bestanden und hätte sie nicht zum Beweis ihrer Behauptung ein Polaroid-Foto vorgelegt, ich wäre wahrscheinlich verhungert.

In der Schule ging es dann weiter. Obwohl ich niemals eine Klasse wiederholte, immer nur gute Noten schrieb und zum vorderen Drittel meiner Klasse gehörte, schüttelte mir mein Klassenlehrer nach dem Abitur die Hand und meinte, es wäre nett, daß auch die Angehörigen seiner Schüler mitgekommen seien und von wem ich wohl der Bruder wäre. ‚Sie müssen aber', hatte er hinzugefügt, ‚Ihrem Bruder sehr unähnlich sein, denn ich habe noch nie ein Gesicht wie Ihres gesehen.' Das muß man sich mal vorstellen!"

Im Windschatten bleiben

„Aber hat das nicht auch Vorteile, diese Unauffälligkeit?"

„Sicher", meinte er, „ich könnte theoretisch zu allen Veranstaltungen gehen, ohne eingeladen zu sein — man bemerkt mich gar nicht. Und auf Parties hat es sogar einen besonders vorteilhaften Effekt: Die Frauen nämlich sind ja gar nicht so wild auf die Witzigen, die das große Wort führen und Mittelpunkt sind. Viel lieber sind sie ja selbst Hauptperson. Also kommen sie lieber zu denen, die im verbalen Windschatten stehen. Auf diese Weise habe ich schon eine Menge kurzweiliger Gespräche mit netten Mädchen geführt und sogar die Telefon-Nummer erhalten. Nur — wenn ich dann am nächsten Tag anrufe, kann sich keine an mich erinnern. Was, sagen sie dann, mit Ihnen soll ich gestern den ganzen Abend gesprochen haben, auch noch interessant? Also das ist mir total entfallen. Nein, für die nächste Zeit habe ich auch keinen Termin frei, tut mir leid! So enden dann diese Geschichten, noch ehe sie richtig angefangen haben."

Wo kann man Ideen einklagen?

„Und Sie haben nie etwas unternommen, ich meine, um originelle Einfälle zu bekommen und sich Ihren Mitmenschen besser einzuprägen?"

„Natürlich habe ich immer wieder solche Versuche gemacht. Ich habe mich bemüht, Ideen gerichtlich einklagen zu lassen, und mein Anwalt hatte in mir sogar berechtigte Hoffnungen geweckt — aufgrund meines Geburtsdatums hätte ich ein Anrecht darauf. Das stünde schon im Grundgesetz: Niemals darf ein Wassermann unauffällig und ohne Ideen herumlaufen! Und auch das Gutachten von Carol Righter war hier ganz eindeutig. Das Problem bestand nur darin, daß man nicht wußte, wo man die Ideen einklagen sollte und wer dafür zuständig war. So scheiterte dieser Versuch, und ich hatte nur Kosten am Bein."

„Gibt's keine Behandlungsmethode?"

„Doch: Phosphor. Massenweise Phosphor habe ich gegessen — als Brausetablette, als Dragee, im Cocktail, auf Knäckebrot und sogar rektal, in Zäpfchenform habe ich mir Phosphor einverleibt —, alles nur, um mein Gehirn zu illuminieren. Aber ohne Erfolg. Wenn ich nachts spazieren ging, hielt man mich zwar für einen Glühwürmchenschwarm, aber geistvoller wurde ich nicht. Auch nahm ich an einem Seminar über Ideenfindung teil, auf so 'nem Wasserschloß, wo das gezielte Produzieren von Kreativität und Einfallsreichtum eingeübt wurde. Und bei der Arbeit mit der Methode 725 entwickelte ich sogar eine Idee für einen Tankverschluß, den man nachts auf der Autobahn wirklich aufbekommt. Aber irgendwie schaffte es mein Nachbar, ein hohes Tier von einem Konzern für Babynahrung, mir die Idee zu klauen und selbst das Lob einzuheimsen. Aber er tat's wohl nicht aus böser Absicht, er hatte mich, wie er versicherte, lediglich nicht bemerkt."

„Haben Sie dadurch berufliche Probleme?"

„Eigentlich nicht. Im Gegenteil: Ich habe herausgefunden, daß eine gewisse ideenlose Durchschnittlichkeit dem Vorwärtskommen eher förderlich ist. Man wird automatisch befördert, denn niemand betrachtet einen ernsthaft als Konkurrenten, gegen den es sich zu intrigieren lohnt. Aber da kann man halt nichts machen. Und entschuldigen Sie bitte, daß ich Sie mit meinen Problemen belästigt habe."

Mit einer resignierten Geste warf er ein paar Geldstücke auf den Tresen und ging in den nebligen Tag hinaus.

Wenig später kam der Wirt wieder zu mir, um mein Glas neu zu füllen. Als er es mit einem „Zum Wohl" hinschob, fügte er hinzu: „Weil wir vorhin gerade von Spionen gesprochen haben: Der da, mit dem Sie sich die ganze Zeit über unterhalten haben, das war auch einer davon. Ein netter, unauffälliger Kerl, so wie all die anderen — werden nie bemerkt, kriegen aber alles mit. Hoffentlich haben Sie nicht zuviel über unsere Raketenabwehr-Raketen erzählt."

Ich guckte ihn erstaunt an. Ich soll gerade mit jemand geredet haben? Kann mich nicht erinnern — wer soll das denn gewesen sein?

12
Der Wassermann und der Rest des Tierkreises

Eigentlich sollte man annehmen, daß sich der Wassermann besonders gut mit den Zwillingen, der Jungfrau und dem Schützen versteht, da es sich hier ebenfalls um Tierkreiswesen handelt, die zumindest in der oberen Hälfte menschenähnlich sind, so daß man mit ihnen wenigstens auf ein Bier gehen kann. Beim Skorpion beispielsweise macht dies immer wieder Schwierigkeiten, da er mit seinen Zangen das Glas umschmeißt und man sich pausenlos für ihn bei der Bedienung entschuldigen muß. Auch sollte man denken, daß er's mit Krebsen und Fischen gut kann, die in seiner unmittelbaren Umgebung — vorwiegend stille, unentdeckte Tümpel, in die noch keine Cola-Dosen und alte Autoreifen geworfen wurden — vorkommen. Doch sieht man ihn auf manchen Bildern auch schon mal mit einem Fisch auf seinem Dreizack, und das ist nur selten der Beginn einer wunderbaren Freundschaft.

Doch leider sind solche direkten Umsetzungen der Tierkreiszeichen nicht erlaubt, denn es geht ja um den ,,inneren" Menschen, also um seinen Charakter, wobei, wie man weiß, ,,Charakter" und ,,guter Charakter" ebenso identisch ist wie ,,kein Charakter" und ,,schlechter Charakter", was sich ja eigentlich widerspricht. Doch darüber wollen wir uns hier nicht weiter verbreiten — sehen wir lieber, wie die Partnerschaften des Wassermanns unterm psychologischen Aspekt aussehen.

Wassermann und Widder

Dies ist eine Kombination von feingeordneten Gehirnganglien und muskulösen Oberarmen, so daß die beiden jeder Situation gewachsen sein dürften. So wird der geschickte Wassermann meistens eine Motorpanne beheben können, und falls der Wagen doch nicht laufen will, dann freut sich der Widder wie ein Kind, daß er anschieben darf. Hat der Wassermann Glück, so steht der Wagen bergabwärts, so daß man ihn bequem anrollen lassen kann. Hat hingegen der Widder Glück, so steht er genau anders herum und muß mit Schwung hinaufgeschoben werden. Freundliche Wassermänner parken deshalb immer bergauf, so können sie dem Partner vielleicht am nächsten Morgen eine unverhoffte Freude machen — besonders wenn sie bereits sämtliche Urlaubskoffer eingeladen haben.

Wassermann und Stier

In dem geordneten Lebensgebäude, das der Stier dem Wassermann zum Geburtstag schenkt und das er von

Christo verpacken läßt, fühlt sich der Wassermann nicht sehr wohl. Ständig sitzt er deshalb draußen auf der Terrasse, auf der Teppichstange oder im Vogelhäuschen, falls dies die Größe zwei auf vier Meter hat und hoch genug ist, um darin stehen zu können. Der Stier schätzt Vogelhäuschen dieser Größenordnung, da er gern mit seinem Besitz prahlt und in strengen Wintern notgeschlachtete Lämmer an Gänsegeier verfüttert, die dann munter zwitschernd herumsitzen. Im Winter also muß sich der Wassermann auf jeden Fall einen anderen Platz suchen, wenn er dem begrenzten Lebensgebäude des Stiers entfliehen möchte, und meist will er das.

Wassermann und Zwillinge

Beide gehören zu den luftigen Zeichen und schätzen Luft aus diesem Grunde mehr als jeder andere. So meinen sie es durchaus als Kompliment, wenn sie zueinander sagen: Du bist Luft für mich! Sie geben dadurch dem anderen zu verstehen, das er das Wichtigste ist, was sie brauchen, und wer hörte das nicht gern? Unterschiedliche Bedeutung allerdings hat bei beiden der Ausspruch: Ich gehe jetzt in die Luft! Der Zwilling kündigt damit an, daß er gleich jähzornig wird und ein Luftkissen an die Wand wirft, der Wassermann hingegen meint es wörtlich und nimmt daraufhin aus seiner Brieftasche ein aufblasbares Segelflugzeug und bittet den Zwilling, wenn er ,,schon in die Luft gehe'', ihn doch unterwegs in den Gegenwind zu werfen.

Wassermann und Krebs

Da der Wassermann nicht mit dem Magen, sondern mit dem Kopf verdaut, bevorzugt er intellektuell anregende Gerichte, wie z. B. ein Omelett aus feinwürzigen Zutaten vom Bermudadreieck. Der Krebs pflegt ihm aber gern ein schweres Menü aus gekränkter Seele am Stück, gut abgehangen und in bitterer Tunke aus berechtigten Vorwürfen wegen gestern abend, zu servieren. Dies aber können die feinen Gehirn-Enzyme des Wassermanns nicht aufspalten. So muß er mehrmals zur Obstlerflasche greifen, um dem Verdauungsvorgang helfend beizuspringen, was aber Nebenwirkungen auf sein Verhalten hat, so daß er sich nicht zu wundern braucht, wenn ihm der Krebs am nächsten Tag das gleiche Essen wieder auftischt. So könnte diese Verbindung an den unterschiedlichen Eßgewohnheiten zerbrechen.

Wassermann und Löwe

Diese beiden passen gut zusammen, denn der Löwe liebt die prachtvolle Selbstdarstellung, während der Wassermann hierbei mehr ein interessierter Zuschauer ist und den Löwen zu immer neuen Versuchen anregt. ,,Sei doch mal der bedeutendste Brötchen- und Zeitungs-Holer aller Zeiten'', sagt er beispielsweise. ,,Herr Wensauer nebenan schafft das in knapp 15 Minuten und behauptet, daß du ihn nie schlagen könntest.'' Daraufhin brüllt der Löwe wütend auf und macht, daß er wegkommt. Und wenn er dann wieder schwer atmend vorm Wassermann steht, nimmt der ihm Brötchen und ‚Bild' aus der Hand und sagt: „Tatsächlich, du bist doch der Bedeutendste von allen!" Worauf der Löwe denkt: Dem hab ich's mal wieder gezeigt.

Wassermann und Jungfrau

Wenn der Wassermann sagt: „Krel mepft loß Mövensturm", antwortet die Jungfrau mit: „Knisto schorr hej Knabentraum". Kein Wunder also, daß diese beiden sich nicht verstehen, denn ihre Sprachen sind zu verschieden. Aber auch sonst hapert es an der Übereinstimmung. Denn wenn der Wassermann nach Hause kommt und sein Buch „Über den Urknall oder Was war das denn sonst heute nacht?" weiterlesen möchte, dann findet er nur leere Seiten vor: Die ordentliche Jungfrau hat im Zuge ihres täglichen Hausputzes die Buchseiten mit einem scharfen Allzweckreiniger abgewaschen und alle Buchstaben in den Mülleimer geworfen, aus dem sie der Wassermann nun mühsam herausklauben und wieder sinnvoll aneinanderreihen muß. Doch dies macht er nicht lange — eines Tages nimmt er seinen Hut, sagt: „Bestawa Klee-

wurm" und geht, worauf ihm die Jungfrau ein verächtliches: „Hawesta Günzburger!" nachwirft und sich wieder ihrem Staubsauger zuwendet.

Wassermann und Waage

Beide harmonieren gut miteinander, da die sich immer in „innerer Bewegung" befinden, auch wenn sie ganz still nebeneinander auf dem Sofa sitzen. Nie weiß der eine, wo sich der andere gerade aufhält, außer natürlich, der sagt es ihm. „Ich bin jetzt gerade in der Züricher Bahnhofstraße", sagt die Waage zum Beispiel, „und kauf mir etwas Glitzerkram bei dem Juwelier an der Ecke." „Aber nicht wieder soviel Geld ausgeben", warnt der Wassermann und lehnt sich bequemer in die Polster zurück, „denn ich bin gerade völlig durchgeschwitzt am Oberlauf des Amazonas und brauch eine neue Ausrüstung." „Schön", sagt die Waage, „dann sehen wir uns vielleicht, wenn du zurückfliegst. Du steigst doch sicher in Kloten um, ja?" Und beide wenden sich wieder ihren inneren Abenteuern zu.

Wassermann und Skorpion

Diese beiden haben Schwierigkeiten miteinander, denn der Skorpion ist meist ein ausgemergelter, trockener Typ, der sich gern in abgeschlossenen und halbverdunkelten Räumen aufhält, wo er zu mitternächtlicher Stunde mit entsichertem Stachel rumläuft. Der Wassermann aber kommt erst zu dieser Zeit heim und wird deshalb vom Skorpion oft für einen Einbrecher gehalten und mit dem Stachel durchbohrt. Erfreulicherweise aber besitzt der Wassermann einen feinstofflichen Körper, dem der Stachel gar nichts ausmachen kann. Lächelnd geht er auf sein Zimmer und sagt höchstens noch: ,,Bring mir doch nachher was zu trinken mit rauf — 'ne Cola mit etwas geträufeltem Gift. Du weißt ja, deine Spezialmischung.'' Was bleibt da dem Skorpion anders übrig, als sich in seinen Stachel zu stürzen und zu hoffen, daß er rechtzeitig abbricht?

Wassermann und Schütze

Beide reisen gern, und während der Wassermann gern Maserati fährt, wegen des Dreizacks, in dem er sich symbolisiert findet, begnügt sich der Schütze auch mit einem Fiat, vorausgesetzt, er macht keine Schwierigkeiten beim Anspringen. Und wenn ihnen keine Möglichkeit für die weite-

Reise gegeben ist, nun, dann sind sie eben in der Wohnung immer unterwegs. Der Wassermann geht vielleicht von der Küche ins Schlafzimmer, und der Schütze wandert vom Bad in den Keller, und anschließend wählt jeder eine neue Route. Diese Strecken sollten sie so legen, daß sie sich ab und an mal in der Diele begegnen, so daß sie sich ein freundliches Hallo! zurufen können und auch mal von ihren Erlebnissen in den einzelnen Räumen zu reden Gelegenheit haben. Denn diese Erlebnisse sind bei diesen beiden immer sehr aufregend, vor allem, wenn es sich bei dem Haus um das Haus Usher, vor dem Untergang, handelt.

Wassermann und Steinbock

Der Steinbock, dessen Fantasie im allgemeinen nur so weit reicht, sich die nächste Gasrechnung vorzustellen und bei dieser Vorstellung bereits in Trübsinn zu verfallen, ist ein unzulänglicher Partner für den Wassermann, der sich alles vorstellen kann außer der nächsten Gasrechnung. Aber auch in ihrem Bewegungsnaturell sind die beiden sehr verschieden: Der Steinbock geht mit Nagelschuhen, Stock und Rucksack los, während der Wassermann nachts seinem Bett entschwebt und nur über eine Silberschnur mit diesem verbunden bleibt, an der ihn der Steinbock dann morgens, wenn der Wecker klingelt, grämlich wieder hereinzieht.

Wassermann und Wassermann

Beide sind feingliedrige Wesen, die libellengleich umherschwirren, aber keiner will sich dazu bereit finden, den Vertreter zu empfangen und ihm die Erhöhung der Hausratsversicherung zu verweigern, weil das einfach lästig ist. Viel lieber engagieren sie sich für weit entfernt liegende Probleme und demonstrieren für das freie Wahlrecht unter alkoholfreien Getränken auf Neuseeland oder für den kostenlosen Zahnersatz auf den Sandwich-Inseln. Da beide intellektuell hochwertig sind, können sie sich über Fragen zerstreiten wie z.B., ob man in einem gekrümmten Riemannschen Raum Tapeten ankleben kann. Doch ist der Unterlegene nie lange gekränkt, sondern läßt sich mit der Bemerkung: ,,Dafür hattest du recht, daß man Blattläuse nur melken kann, wenn man keine abgekauten Fingernägel hat" leicht wieder versöhnen.

Wassermann und Fische

Zwischen diesen beiden ist eine Entfremdung geradezu programmiert. Denn der Fisch kann sich auflösen, während der Wassermann sich unsichtbar macht. Heute sitzen sie noch zusammen auf dem Sofa, morgen lassen sie sich schon auf gegenüberliegenden Sesseln nieder, übermorgen halten sie sich in entgegengesetzten Zimmerecken auf, dann geht jeder in sein eigenes Zimmer, und schließlich schlägt man sein Bett beim Nachbarn auf. Dieses gegenseitige Entfernen nimmt immer größere Dimensionen an, doch da die Erde rund ist, sitzen sie irgendwann mal wieder in ihrem alten Zimmer — allerdings mit dem Rücken zueinander.

13 Wassermann mal zwölf (Die Aszendenten)

Wassermänner sind Individualisten, und wenn der eine Wassermann ein Bier bestellt, dann ordert der andere schon aus reiner Opposition deren zwei.

Dies also würde bereits genügen, um aus jedem Wassermann einen ganz besonderen zu machen. Doch den Astrologen genügt es nicht. Vielmehr haben sie als zusätzliches Ingredienz noch den Aszendenten dazugepackt, der den Wassermann in zwölf Grundwassermänner unterteilt.

Der Aszendent steht zum Zeitpunkt der Geburt ungefähr dort, wo sich Ostpunkt und Ekliptik Gute Nacht sagen. Aber er ist natürlich für einen Neugeborenen nur schwer auszumachen, da dieser sofort an den Beinen gepackt und mit dem Kopf nach unten gehalten wird. So müssen sich für jeden die Himmelsrichtungen völlig anders darstellen. Auch halten viele den Klaps, den man ihnen gleich hinten drauf gibt, für eine Äußerung ihres Aszendenten und haben daraufhin ihr Leben lang ein gespaltenes Verhältnis zu ihm.

Es ist also kein Wunder, daß die meisten Menschen auf die Frage: Wie ist das eigentlich mit Ihrem Aszendenten? mit Unverständnis reagieren oder aber kühl zur Antwort geben: Ich verbitte mir solche Anspielungen! Das ist schade, denn der Aszendent sagt viel darüber aus, ob ein Mensch z. B. gut ist, weil er gut ist oder weil es ihm einfach zu anstrengend ist, schlecht zu sein.

Für den Wassermann bieten sich hier folgende Aszendenten-Kombinationen:

Wassermann, Asz. Widder

Ein intellektueller Kraftprotz, vor dem sich jedes Problem ängstlich in die Ecke verkriecht. Leichtere Probleme wie z. B.: *Ist das Universum einem sich ausdehnenden Luftballon vergleichbar oder aber einem Osterhasen, und wenn letzteres zutrifft: in welchem Ohr befindet sich die Milchstraße?* löst er leicht zwischen zwei Schachpartien, während solche von größerem Gewicht, nämlich: *Was sehe ich heute abend lieber nicht — den deutschen Krimi auf dem Ersten Programm oder das deutsche Lustspiel auf dem Zweiten?* seine ganze geistige Potenz herausfordern und ihn immer wieder zu unkonventionellen Lösungen provozieren, z.B. auf zwei Geräten beides sehen, aber ohne Ton.

Wassermann, Asz. Stier

Dieser Wassermann kann mitunter etwas starr wirken, was sich besonders bei geistigen Auseinandersetzungen nachteilig bemerkbar macht. „Ich habe zwar zu dieser Frage keine präzise Meinung", pflegt er etwas hochnäsig zu sagen, „aber ich werde unverrückbar an ihr festhalten." Doch auch im umgekehrten Fall kann er unzugänglich sein: Er hat noch keine Ansicht, lehnt sie aber bereits entschieden ab. Auch alles Zureden, er müsse doch erst mal wissen, was er ablehne, ehe er's ablehne, fruchten nichts. „Wozu soll ich mir eine Meinung bilden, wenn ich schon vorher weiß, daß sie für mich nicht akzeptabel ist? Lieber wende ich mich einem Problem zu, bei dem ich weiß, daß ich seine Lösung gut finden werde."

Wassermann, Asz. Zwilling

Diese Kombination macht den scharfen Verstand des Wassermanns messerscharf, so daß bei intensivem Nachdenken innere Kopfverletzungen nicht zu vermeiden sind. Besonders wenn es um Fragen geht wie: Wo ist meine Sonnenbrille? Oder: Wird die Honigpumpe am Arbeitsplatz von Benys mit Kunsthonig betrieben? Dieser Mensch sollte immer mal wieder geistige Ruhepausen einlegen, bis die kleinen, aber zahlreichen Schnittwunden in der Großhirnrinde einigermaßen vernarbt sind. Allerdings muß jeder Zwilling-Wassermann für sich entscheiden, welchen Problemen er während der Rekonvaleszenz-Zeit Zutritt erlaubt. Als sehr gehirnschonend erweist sich immer wieder die Beschäftigung mit der deutschen Politik oder der politischen Satire, wobei es allerdings nicht immer einfach ist, beides auseinanderzuhalten, so daß die Anstrengungen, diese Frage zu klären, den Genesungsprozeß immer wieder etwas zurückwerfen können.

Wassermann, Asz. Krebs

Dieser Wassermann neigt zur Gefühlstiefe und sollte sich deshalb immer einen Schwimmring umtun, damit er nicht untergeht. Auch hat er eine große Affinität zum Okkulten, und oft lädt er die Geister längst verstorbener Hausbewohner auf ein Gläschen ein. Dabei fragt er sie dann z. B. über die Chance aus, ,,da drüben" einen Verlag für diesseitige Literatur betreiben zu können, oder ob es stimme, daß Autoschlüssel aus Antimaterie bestünden und sich jederzeit ins Unsichtbare auflösen könnten. Wenn man ihn also nachts bei Selbstgesprächen überrascht, so sind das engagiert geführte Diskussionen, was allein schon daraus hervorgeht, daß meistens drei oder vier halbgefüllte Gläser herumstehen und immer wieder eine esoterische Stimme sagt: Mir bitte nichts mehr!

Wassermann, Asz. Löwe

Ein Mensch, der an einem tiefen Zwiespalt leidet, da er einerseits glanzvoller Mittelpunkt sein möchte und von allen bewundert, andererseits aber möchte er auch selbst gern einen glanzvollen Mittelpunkt bewundern — er ist sowohl Hauptdarsteller wie auch Publikum. Wie er dieses Problem löst, ist sein Problem. Auf Parties löst er es so, daß er sich an eine gutaussehende Frau heranmacht mit den Worten: „Ich freue mich, Sie heute abend mit einer bedeutenden Persönlichkeit bekanntmachen zu können, von der auch Sie fasziniert sein werden — ich selbst." Und wenn er Glück hat, sagt die Angesprochene: „Wunderbar, bitte führen Sie mich zu sich, denn ich möchte Sie wahnsinnig gern kennenlernen. Aber holen Sie mir bitte vorher noch etwas zu trinken."

Wassermann, Asz. Jungfrau

Wie alle, die astrologisch etwas mit der Jungfrau zu tun haben, interessiert sich auch dieser Wassermann für die Uhrmacherei. Wobei er — seinem Archetypen entsprechend — vor allem mit Wasseruhren beschäftigt ist. Dabei kann es sich einmal um die großen Modelle handeln, die von Wassermühlen getrieben werden und nach starken Regenfällen oder zur Zeit der Schneeschmelze gern etwas vorgehen, oder aber um die bekannten kleinen Modelle fürs Handgelenk, die von einem elektronischen Mini-Wasserfall angetrieben werden und die, wenn man sie ans Ohr hält, nicht tick, tick, sondern leise rausch, rausch! machen. Praktisch ist, daß man diese Uhren nie aufziehen muß, sondern sie einfach von Zeit zu Zeit mit aufgeschraubter Krone unter die Wasserleitung hält.

Wassermann, Asz. Waage

Dieser Typ konzentriert seinen ganzen Vorrat an Ideen auf die Bereiche Mode und Schönheit, besonders unter Zugrundelegung humanitärer Ziele. So verdanken wir diesem Menschen die passenden Schuhe, den nicht kneifenden Gürtel und das blusig fallende Hemd. Glücklich machen möchte er die Menschen, und wohl fühlen sollen sie sich. Und deshalb werden seine Creationen auch niemals sitzen ,,wie angegossen", sondern haben immer noch Platz für ein zweites Mittagessen. Wie alle Modeschöpfer ist auch dieser Mensch recht eitel und hat deshalb in jedem Zimmer einen Grundwasserspiegel hängen, in größeren Räumen sogar deren zwei.

Wassermann, Asz. Skorpion

Ein unheimlicher Mensch, der die hypnotische Kraft des Wassermanns mit dem magnetischen Blick des Skorpions verbindet. Das versetzt ihn in die beneidenswerte Lage, in

jedem Lokal den Ober mit einem einzigen Blick an den Tisch zu zaubern und ihn so zu beeinflussen, daß er auch tatsächlich das bringt, was bestellt wurde. Wenn man also mal ausgeht, dann ist so ein Mensch natürlich unbezahlbar als Begleitung. Und auch zur Abwehr eines Vertreters für garantiert sichere und steuersparende Anlagetips ist er eine großartige Hilfe, da er den anderen nur anschauen muß. Allerdings stellt er auch eine gewisse Gefahr für sich selbst dar. Denn wenn er sich selbst lange anblickt, beim Rasieren etwa, kann er leicht in eine Art von Trance verfallen, so daß seine Frau sagt: ,,Schlaf nicht wieder ein, geh lieber abends früher ins Bett!"

Wassermann, Asz. Schütze

In diesem Menschen paart sich Originalität mit einem Hang zur Tollkühnheit. So war es ein Schütze-Wassermann, der 1969 in der Aula der Rosa-Luxemburg-Universität in Frankfurt sagte: „Kommt, laßt uns einen Film mit Rudolf Prack ansehen!" Und ein anderer soll im Erbprinz in Ettlingen zum badischen Schneckensüpple eine Flasche Maggi geordert haben. Den absoluten Vogel aber schoß der ab, der 1982 auf der Frankfurter Buchmesse am Stand des Feministinnen-Verlags *Courage* zu seiner Freundin, einem Fotomodell, gesagt hatte: „Zerbrich dir über diese Dinge nicht dein hübsches Köpfchen, das verstehst du doch nicht!" Allerdings wurde er hinterher mit einer schweren Nervenkrise in die Klinik eingeliefert, so daß er nicht am Empfang des Droemer-Verlags teilnehmen konnte.

Wassermann, Asz. Steinbock

Dieser Mensch ist ideenreich und zugleich hartnäckig und ordnungsliebend. So erlaubt er seinen Ideen nicht, zu kommen, wann und wo sie wollen, sondern macht feste Zeiten aus. Auch läßt er sie hintereinander antreten, wobei er nach Größe vorgeht. Deshalb hat dieser Wassermann auch immer exakt die Idee, die er gerade möchte, da er sie nur anzusehen braucht und sofort die richtige erkennt. Auch sind diese Leute umsichtig und sorgen vor, so daß sie für Zeiten einer gewissen Einfallslosigkeit immer ein paar Ideen in der Tiefkühltruhe haben. Allerdings würde er nie eine Idee akzeptieren, die mikrobiell verseucht ist.

Wassermann, Asz. Wassermann

Der Wassermann, so sagen die Astrologen, ist ein Mensch, der jeder Anregung zugänglich ist und sozusagen immer im Wartezustand verharrt, bis ihn ein anderer geistig anstößt und er dann in die gewünschte Richtung rollt. Wer aber sollte einen solchen doppelten Wassermann anstoßen? Vielleicht, daß er sich selbst anstößt und sagt: Los, stoß mich an, ich möchte jetzt mal wieder geistig auf und davon! Wenn ihm dies nicht gelingt, endet er bei dem, was die Astrologen ,,Statische Kreisbewegung" nennen, d. h. dieser Mann geht immer wieder rund ums Auto, um nachzusehen, ob auch alle Türen und Fenster zu sind. Aber auf Dauer macht das keinen Spaß.

Wassermann, Asz. Fische

Diesen Mann erkennt man an seinen überlangen Armen, die er sich bei seinen ständigen Versuchen, die ganze Welt zu umarmen, angezüchtet hat. ,,Alle Menschen sind Brüder", sagt dieser Wassermann, worauf ihm jede halbwegs ausgeschlafene Feministin sofort antwortet: ,,Und was ist mit den 50% Frauen?" So korrigiert er sich in: ,,Alle Menschen sind Schwestern!" Dies aber leuchtet fast noch weniger ein. Zumal auch jede Schwester sofort sagen wird: ,,Wieso das? Manche Menschen sind Schwestern, andere dagegen sind Oberärzte." Daraufhin sagte der freundliche Fische-Wassermann: ,,Also gut, alle Menschen sind Brüder, Schwestern und Oberärzte. Und nun kommt bitte her, ich möchte euch umarmen. Die Schwestern zuerst."

HOME
SWEET
HOME!
11

14
Der Wassermann und sein elftes Haus

Immer wieder mal kann man in seinem Zeitungshoroskop lesen, daß „ein glückliches Ereignis ins Haus" stehe. Natürlich freut man sich über eine solche Botschaft, legt sofort die Zeitung aus der Hand und wartet ungeduldig, bis das Angekündigte sich einstellt.

Kaum einer macht sich aber mal die Mühe und fragt zurück: „Und, bitte sehr, in welches Haus?" Haus und Haus ist nämlich nicht dasselbe. Im Leben nicht, und in der Astrologie noch weniger. Denn alle Tierkreiszeichen und Planeten, alle Konjunktionen und Aspekte nutzen uns wenig, wenn wir das Kapitel mit den Häusern einfach links liegenlassen. Deshalb hier die Erklärung: Zwölf Häuser gibt es insgesamt, jedem Tierkreiszeichen ist eines zugeordnet, und was es nun mit dem Bewohner des einzelnen Hauses auf sich hat, das hängt ganz davon ab, welcher Planet sich gerade in dem Haus aufhält. Denn natürlich:

Jeder hat andere Eigenarten. Mars z. B. stößt gern teure Vasen um, entschuldigt sich nicht, sondern sagt höchstens herausfordernd: „Na und, jemand was dagegen?" Venus setzt sich kokett in die Sofaecke und zieht den Rock übers Knie hoch. Merkur steckt auch schon mal was ein, das ihm nicht gehört. Saturn sitzt den ganzen Abend griesgrämig herum und hat an allem etwas auszusetzen. Jupiter tätschelt ungeniert die Hausfrau auf ihrer Kehrseite, Pluto macht auf den Teppich usw.

Kein Haus für Dallas

Das Haus, um das es uns diesmal geht, ist das elfte und gehört zum Wassermann. Es ist ein festes Lufthaus, was wohl heißen soll, es besteht aus stabilen Klinkersteinen, aber Fenster und Türen sind offen, so daß man keine Notizen herumliegen lassen darf, ohne einen jener Beschwerer aus grünem Marmor draufzustellen, die man mitunter im Rahmen einer Schreibtischgarnitur geschenkt bekommt. Das Haus selbst steht für geistige Prinzipien und Denkfähigkeit. Hier wird man also weniger Traumschiff und Dallas ansehen als vielmehr die Diskussion zwischen 11 und 1, so daß der Bewohner grundsätzlich einen etwas verträumten Eindruck macht — es fehlen ihm halt ein, zwei Stunden Schlaf.

Doch nun schnell zu den einzelnen Planeten. Mit der Sonne im elften Haus ist der Bewohner das, was man einen „hellen Kopf" nennt, so daß er sich von einem frischen Außenanstrich kaum abhebt. Dem läßt sich durch ausgedehnte Sonnenbäder leicht abhelfen, was mit der Sonne im eigenen Haus ja einfach ist. Sollte die Sonne diese kleine

Gefälligkeit abschlagen, kann der Bewohner immer noch zu einer Bräunungscreme greifen, aber die Sonne sollte sich dann nicht wundern, wenn sie kein zweites Stück Kuchen bekommt.

Mit dem Mond im elften Haus hat der Bewohner ein etwas chaotisches Gefühlsleben und ist immer hin- und hergerissen. So schwankt er möglicherweise zwischen einer Fotosafari nach Kenia und einem Glas Kiwi-Konfitüre und weiß sich nicht zu entscheiden. Aber auch seine Beziehungen zum anderen Geschlecht sind unstet, und oft weiß er nicht, ob er sich für eine gutaussehende Frau mit viel Geld entscheiden soll oder für eine hinreißende Millionärin oder doch lieber für die bildhübsche Erbin eines Brauerei-Konzerns.

Merkur im elften Haus macht einen beliebten Gesellschafter, der immer einen offenen Weinkeller hat. Schlecht aspektiert aber kann es sein, daß er den Bewohner dazu bringt, in seinen Gästen nur unfreiwillige Vernichter seiner unechten Spätlesen zu sehen.

Mit Venus im elften Haus denkt der Bewohner immer nur an das eine, nämlich wie er sie wieder los wird. Denn Venus drängelt sich zwischen Frau und Freundin, will wissen, wer die Schönste ist und verspricht ihm eine schöne Helena, wenn er sie bevorzugt. Welcher Ehemann aber möchte sich das zusätzlich auflasten?

Dem elften Haus wird auch das Vereinsleben zugeordnet, und so ist klar, daß mit Mars im Haus der Bewohner dem örtlichen Karl May-Club angehört, natürlich als Old Shatterhand. Doch muß er sich vorsehen, denn wenn er mal was vergessen hat und sich mit einem „Verdammt!" an den Kopf haut, bricht er besinnungslos zusammen.

Mit Jupiter im elften Haus sind die Gefühle des Bewohners allumfassend. Sein Herz gehört der ganzen Menschheit, so daß für ihn selbst kaum was übrig bleibt. So ist er im Grunde herzlos und gibt kaum Trinkgeld.

Mit Saturn im elften Haus ist der Bewohner Kassierer in einem Ringverein und ringt mit der Versuchung, die Kasse zu nehmen und mit ihr durchzubrennen. Doch in der Kasse sind nur 4 Mark 80, und damit kann man in Brasilien nicht das Leben führen, das man sich vorstellt.

Uranus im elften Haus macht den Bewohner mehr zum Kopf- als zum Gefühlsmenschen. Er hat zu seiner Zeitung ein innigeres Verhältnis als zu seiner Frau, was sich darin äußert, daß er sein Blatt liebevoll zurechtfaltet und z.B. von seinem „schlanken Leitartikel" spricht. Allerdings neigt die Zeitung bei ihm zur Eifersucht, und wenn er beim Frühstück seine Frau mal ansieht, raschelt das Blatt wütend und stampft im Wirtschaftsteil mit einem erbosten Zinsfuß auf.

Neptun ist natürlich im elften Haus besonders gern gesehen — er wie auch der Bewohner sind beide Dreizack-Träger und dem Meer innig verbunden. So betrachten sie stundenlang ihre Dias vom letzten Urlaub in Korfu und unterhalten sich kichernd über ihre geschmuggelten Amphoren-Scherben.

Pluto ist meist völlig fertig, wenn er im elften Haus ankommt, denn er hat den weitesten Weg von allen. Deshalb legt er sich auch sofort aufs Sofa und sagt: „Ich bin viel zu müde, um auch noch schlecht aspektiert zu sein. Dein Glück, denn dadurch bist du finanziell erfolgreich und kannst mal schon eine Flasche Schampus aufmachen."

Soviel zum elften Haus. Zwölf Häuser, wie gesagt, gibt es. So bleibt also noch eines. Es gehört einem netten Mann, der zur Rundlichkeit neigt. Er hat einen Schnauzbart, sitzt an lauen Sommerabenden gern auf der Terrasse mit einem Kasten Bier an der Seite und den Capri-Fischern auf dem Plattenteller. Ab und zu wischt er sich die Augen. Wenn Sie mehr über ihn wissen wollen, dann kaufen Sie einfach das nächste Buch — es handelt vom Fisch.

15 Weitere berühmte Wassermänner

Ebert Friedrich — 4.2.1871, und Heuss, Theodor — 31.1.1884: Erfinder der Allee. Beide kamen auf unterschiedlichem Wege zu ihrer Erfindung: Ebert, indem er eine Straße durch einen Wald legen und ihn anschließend bis auf eine Baumreihe rechts und links abholzen ließ. Heuss hingegen führte seine Straße durch baumloses Gelände und ließ links und rechts Bäume anpflanzen. Eberts Alleen waren deshalb von Anfang an „echte Alleen", während die von Heuss erst nach 10 bis 20 Jahren diesen Namen verdienten. Doch werden beide gleich hoch geachtet, und die Zahl der Friedrich-Ebert-Alleen und die der Theodor-Heuss-Alleen ist in etwa gleich.

Erhard, Ludwig — 4.2.1897: bedeutender deutscher Gastronom und Reformer. Vor Erhards Zeit hatten die meisten Lokale entweder sieben Ruhetage oder Betriebs-

ferien oder öffneten erst nach 17 Uhr oder die Küche war geschlossen, so daß immer wieder Scharen von Verhungerten und Verdurstenden von den Straßen aufgelesen werden mußten. Erhard bestand darauf, daß Lokale auch „mal offen sein müssen und daß sie auch mal wirklich Essen servieren". Und wenn man heute ein Lokal findet, das wirklich geöffnet hat und wo man auch etwas bestellen kann, sagen viele: „Ein Wunder von einer Wirtschaft!" Dieses Wirtschaftswunder aber verdanken wir keinem anderen als Ludwig Erhard.

Mozart, Wolfgang Amadeus — 27.1.1756: Erfinder der Kugel. In der Vor-Mozart-Zeit konnte man nur Würfel spielen, und auch das Kegeln war so gut wie unmöglich, da man mit dem Kegelwürfel (Seitenlänge 18,5 cm) nur schlecht zielen konnte. Nach Mozarts Erfindung des „runden Würfels" wurden Kugeln, Billard und das Murmelspiel sehr schnell populär. Aber auch die Geografen hatten Nutzen davon: Von nun an war die Erde nicht mehr würfelförmig, was vor allem in der Stadt Koblenz wiederholt zu Unfällen geführt hatte, wo drei Kanten zusammenführten (das sogenannte Deutsche Eck!), so daß immer wieder Unfälle passierten, weil Leute hinunterfielen, sondern nun konnte man auch der Erde die neu gefundene Kugelgestalt geben, was sich vor allem auf den Autoverkehr günstig auswirkte.

Osterwald, Hazy — 18.2.1922: eigentlich Adrian Osterwald, Schweizer Arzt und Schöpfer der Erkältung. Osterwald fand den Erreger in der Nieswurz, und er kultivierte ihn, indem er ihn in warme Tücher hüllte, die er mit Birnenschnaps tränkte. Früh erkannte Osterwald die Bedeutung der Erkältung für die menschliche Arbeitskraft: Ohne regelmäßiges Zuhausebleiben nämlich wären Schüler und Erwachsene schnell überfordert, wie Untersuchungen ergaben. Durch Osterwalds Erkältung aber ist es jedem leichtgemacht, durch einfaches Hazy-Sagen (deutsch auch Hatschi) im Bett zu bleiben, um mit Schal und Schnaps die Erkältung zu fördern und zwei Wochen später wieder gestärkt an die Arbeit gehen zu können. Osterwald (nach seiner Erfindung „Hazy“ genannt) besitzt auch das Gegenmittel, wurde jedoch von den Gewerkschaften zum Schweigen gebracht durch Ausgabe großer Geldmittel.

Platte, Rudolf — 12.2.1904: Erfinder des Lochs im Reifen. Plattes Erfindung geht in seine Zeit als Marketing-Direktor bei Dunlop-Rubbers zurück, wo er lange versucht hatte, die Automobilhersteller von der Notwendigkeit eines fünften Rads zu überzeugen. Schließlich kam er auf die Idee, ein fünftes „Reserve-Rad“ in den Kofferraum zu legen, dessen Nutzen aber niemandem klar war. Erst als Platte das Loch im Reifen erfunden hatte, konnte er das Reserve-Rad hinreichend begründen und den Rei-

fenumsatz des Konzerns erheblich steigern. Der Ausdruck „Ich habe einen Platten", den Autofahrer heute noch an Notrufsäulen gegenüber der Autobahnmeisterei gebrauchen, erinnert an den großen Erfinder.

Schubert, Franz — 31.1.1797: bedeutender Wiener Angler (Wassermann!) und Entdecker der Forelle als Speisefisch, besonders wenn man sie in der Pfanne brät, was er aufgrund einer — erfolglosen — Liebschaft „nach Art einer schönen Müllerin" nannte. Die so angerichtete Forelle schmeckt lt. Schubert am besten, wenn man sie in Gesellschaft verzehrt, wobei sich fünf Personen als ideal erwiesen haben, jedenfalls an einem rechteckigen Tisch mit einer Seitenlänge von 1,50 m auf 0,8 m. Deshalb spricht man heute noch von einem „Forellenquintett". Die Frage, warum Schubert einen sechsten Mann, der an einem solchen Tisch noch Platz gehabt hätte, nicht berücksichtigt hatte, ist inzwischen geklärt: Schubert, der in ärmlichen Verhältnissen lebte und sich vorwiegend von Weißfischen ernährte, hatte einfach einen Stuhl zu wenig.

Register